'성공적인 삶'을
위한 좋은 습관

'성공적인 삶'을 위한 좋은 습관

초판 1쇄 발행 2020년 8월 21일

지은이 이서진
펴낸이 장길수
펴낸곳 지식과감성#
출판등록 제2012-000081호

디자인 이현
편집 이현
교정 박솔빈
마케팅 고은빛

주소 서울시 금천구 벚꽃로298 대륭포스트타워6차 1212호
전화 070-4651-3730~4
팩스 070-4325-7006
이메일 ksbookup@naver.com
홈페이지 www.knsbookup.com

ISBN 979-11-6552-344-2(13190)
값 20,000원

ⓒ 이서진 2020 Printed in Korea

잘못된 책은 구입하신 곳에서 바꾸어 드립니다.
이 책의 전부 또는 일부 내용을 재사용하려면 사전에 저작권자와 펴낸곳의 동의를 받아야 합니다.

이 도서의 국립중앙도서관 출판예정도서목록(CIP)은 서지정보유통지원시스템
홈페이지(http://seoji.nl.go.kr)와 국가자료공동목록시스템(http://www.nl.go.kr/kolisnet)에서
이용하실 수 있습니다. (CIP제어번호 : CIP2020033670)

홈페이지 바로가기

이서진

행동촉진형 작가

연세대학교 생화학과에서 생화학 분야의 박사학위를 취득하고, 미국 National Institutes of Health/National Cancer Institute에서 박사 후 연구원으로 근무하면서 항암 치료 연구를 진행하였다.

현재는 대학에서 학생들의 교육과 암 분야에 관한 연구를 해오고 있으며, 2018년 「행복한 삶을 위한 마음 연습」, 2019년 「행복한 삶을 위한 좋은 태도」를 주제로 특강을 진행하였고, 또 많은 학생을 대상으로 「행복 콘서트」를 개최하여 '행복한 삶을 위한 좋은 습관'을 전파하고 있다. 2019년에는 「'행복한 삶'을 위한 12가지 좋은 습관」 캘린더북을 출판하여, 사람들이 삶에 대한 자신의 태도 변화로 스스로 행복한 삶을 만들어갈 수 있도록 돕고 있다.

* 저자 email: successfulhabits@naver.com

프롤로그

'인생의 어떤 상황에서도 언제나 행복하게 살겠다'고 다짐하며 살아왔다.

대부분의 사람들이 막연히 생각하는 '성공적인 삶'을 구체화하여 행복하게 살아가길 소망한다. 인생을 행복하게 살기 위해 어떻게 해야 할까? 자신이 바라는 성공적인 삶이 무엇인지 끊임없이 생각하고, 성공적인 삶을 이루기 위해 구체적인 목표를 세우고 이를 행동해갈 수 있다면 우리는 지금 바로 '행복의 길'로 들어설 수 있다.

사람마다 인생에서 추구하는 가치는 각자 다르지만, 삶에서 '건강'과 '일' 그리고 '돈'이 조화를 이루면 '행복한 인생'을 만들어갈 수 있다.

그렇다면, '건강'과 '일' 그리고 '돈'에 대한 어떤 좋은 습관이 우리를 성공적인 삶으로 이끌어줄까?

건강하게 자신이 좋아하는 일에 최선을 다하며 돈을 벌고, 돈을 잘 관리하여 자신이 가치 있다고 생각하는 일에 돈을 사용하며 자유롭게 살아갈 수 있는 삶은 분명 '행복'할 것이다.

이 책을 다이어리 형태로 출판하는 것은 여러분의 성공적인 삶을 위한 계획을 구체적으로 기록하고, 바로 '행동'으로 옮겨 '성공적인 삶'을 만들어가는 것을 돕기 위해서이다.

스스로 '성공적인 삶'을 진지하게 생각해 보고 직접 기록해 보자. 그리고 자신의 행복한 인생을 위해 구체적인 계획을 세우고 즉시 행동해 보자.

그러다 보면 인생의 시간을 잘 디자인하여 '행복한 삶'을 창조할 수 있을 것이다.

자신의 생각과 행동 습관의 긍정적인 변화로 성공적인 삶을 만들어가길 바란다.

이서진

목차

프롤로그 / 4

자신이 바라는 '성공적인 삶'은 무엇인가 / 8

1강
건강

- **H1** 스스로를 믿고, 자신감 있게 살아가세요 / 14
- **H2** 남들과 비교하지 말고, 최고의 인생을 살아가세요 / 16
- **H3** '평온한 마음'으로 하루를 시작해 보세요 / 18
- **H4** 불필요한 것을 버리고, '정리정돈' 잘하는 습관을 가져 보세요 / 21
- **H5** 지금 일어난 일을 '있는 그대로' 받아들이고, 해결책에 집중해 보세요 / 23
- **H6** 어려운 일이 생겼을 때는 정확한 현황을 정리해 보세요 / 25
- **H7** '두려움'에 굴복하지 말고, 적극적으로 '행동'하세요 / 27
- **H8** 어떤 상황에서도 '감사한 마음'을 갖도록 노력해 보세요 / 30
- **H9** 자신만의 방법으로 스트레스를 해소하세요 / 32
- **H10** 즐겁고 자유로운 마음으로, '하고 싶은 일'을 하며 살아가세요 / 34
- **H11** 언제나 미소를 지으며, 내 삶을 맞이하도록 노력해 보세요 / 36
- **H12** 좋은 생각, 친절한 말, 선한 행동을 하기 위해 노력해 보세요 / 38

2강
일

- **W1** 자신이 좋아하는 일을 찾으세요 / 42
- **W2** 좋아하는 일을 하며 돈 버는 법을 찾아보세요 / 44
- **W3** 스스로 통제할 수 있는 일에 집중해 보세요 / 46
- **W4** 자신의 '시간'을 잘 디자인해 보세요 / 48

W5 한 해, 월별, 주별, 일별 주요 목표를 설정해 보세요 / 50
W6 일주일에 하루는 한 가지 일에 몰입해 보세요 / 57
W7 재능 계발을 위한 일을 배워 보세요 / 59
W8 어떤 상황에서도 '좋은 의지'와 '좋은 태도'를 유지하세요 / 61
W9 실수는 하더라도 '신뢰'할 수 있는 사람이 되세요 / 63
W10 'Self-motivation(자기동기부여)'이 되어 스스로 일해 보세요 / 65
W11 자신을 괴롭히는 사람과는 거리를 두세요 / 67
W12 '화'를 잘 관리하세요 / 69

3강
돈

M1 인생에서 '돈의 가치'를 깨달아 보세요 / 74
M2 자신의 현재 재정 상태를 분석해 보세요 / 76
M3 가능한 일찍부터 수입의 10%를 저축하세요 / 81
M4 자신의 지출을 제한해 보세요 / 83
M5 돈을 관리하는 작은 습관들을 만들어 보세요 / 85
M6 가장 먼저 비상금 3,000만 원을 저축해 보세요 / 87
M7 젊을 때는 절약하고, 노후 대비를 해 두세요 / 89
M8 재능 계발을 위해 돈을 투자하세요 / 91
M9 여행 등의 좋은 경험을 위해 돈을 사용해 보세요 / 93
M10 의미 있는 사람들을 위해 마음을 나눠 보세요 / 95
M11 현재 수입이 적으면 부수입원을 만들어 보세요 / 97
M12 돈을 소중히 하고 가치 있는 곳에 사용해 보세요 / 99

에필로그 / 101

참고도서 / 103

자신이 바라는 '성공적인 삶'은 무엇인가

'성공'의 사전적 의미는 '목적한 바를 이룬다'는 뜻이다. 여러분은 삶에서 어떤 목적을 이루며 살아갈 것인가? 행복한 인생을 위해 자신이 바라는 성공적인 삶을 생각해 보고 이러한 삶을 위해 구체적으로 해야 할 일들을 결정하고 실행해 보자.

'성공적인 삶'이란 지극히 주관적이고, 자신만의 특별한 인생 그림일 것이다.

우리가 건강하게, 좋아하는 일을 하면서, 즐거운 마음으로 일을 하며 돈을 벌고 그 돈으로 인생에서 바라는 일들을 마음껏 하며 살아가는 것은 누구에게나 행복한 삶이 될 것이다.

'건강'과 '일' 그리고 '돈'에 대한 중요도는 사람마다 차이가 있겠지만, 이 세 가지가 우리 인생의 중요한 요소라는 것은 누구도 부인할 수 없을 것이다.

자신의 '성공적인 삶'은 다른 사람에게 인정받고 동의받을 필요가 없다. 단지 자기 자신만 인정하면 된다. 우리는 서로의 '성공적인 삶'을 존중해주면 된다.

자신의 인생 캔버스에 다양한 일들로 자신만의 멋진 색을 칠하며 자유롭게 그려 보자.

다음 장에 소개된 〈표 1. '성공적인 삶'을 위한 목표〉에 자신의 '성공적인 삶'을 생각하여 적어 보자. 단, 조건이 있는데, 성공적인 삶은 주위 사람들을 의식하거나 그들의 생각이 반영돼서는 안 된다. 오직 자신의 내면 깊은 곳에서 또 직감이 원하는 자유로운 의지에서 나오는 것이어야 한다. 이 과정은 1주일 혹은 1달 아니 그 이상이 걸려도 좋다. 자신의 '성공적인 삶'을 위한 목표를 적고, 구체적인 계획과 실행을 위한 비용 및 실행 기한까지 자세히 작성해 보자. 그리고 즉시 행동해 보자.

단 한 가지라도 행동했다면, 여러분은 '성공적인 삶'으로 한 걸음씩 나아가고 있는 것이다. 자신감을 갖고 지속적으로 행동하여 성공적인 삶을 위해 용기 있게 걸어가 보자.

우리의 '성공적인 삶'을 위해 '건강'과 '일' 그리고 '돈'에 대한 어떤 좋은 습관이 우리를 더욱 행복한 삶으로 이끌어줄까?

성공적인 삶을 위한 목표

〈표 1〉

- ☐ 암 치료를 연구하는 연구원이 되어, 항암제를 개발하고 암 치료에 기여하는 것
- ☐
- ☐

연번	추진목표	세부 실행 계획	추진 시기	소요 비용(원)	달성여부
1	암 치료를 연구하는 대학원 연구실에 진학	암 치료 분야 대학원 20개 이상 검색	2020. 4		
		대학원 관련 정보 정리	2020. 5		
		대학원 진학 자격요건 파악	2020. 6		
		영어 토익 점수 800점 획득	2020. 8	10만 원	
		암 치료 분야 연구 논문 공부	2020. 10		
2	석사 학위 취득 후에 암 치료 연구소에 취직	국내 암 치료 연구소 정보를 파악하여 표로 정리	2022. 5		
		연구소 취업 자격 조건 파악	2022. 6		
		자기소개서 및 이력서 준비	2022. 7		
		회사 면접 및 실전 연습	2022. 8		

성공적인 삶을 위한 목표

-
-
-

연번	추진목표	세부 실행 계획	추진 시기	소요 비용(원)	달성여부

1강

건강

Health

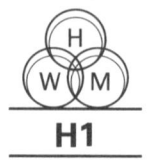

H1
스스로를 믿고,
자신감 있게 살아가세요

살아가면서 중요한 마음가짐 한 가지를 꼽는다면 '스스로를 믿는 마음', 즉 '자신감'일 것이다.

랄프 왈도 에머슨의 『스스로 행복한 사람』과 『자기신뢰』에서 매우 강조하는 것인데, 살아갈수록 인생에서 이 마음이 매우 중요하다는 것을 절실히 깨닫게 된다.

우리는 학교와 직장을 거쳐 오면서 주위 사람들, 사회적인 평가, 교육 환경, 언론 등을 통해 사회가 정해 놓은 틀에 놓이게 된다. 이는 상황에 따라 자기 자신을 의심하게 만들고, 스스로를 믿는 마음이 요동치게 한다. 사회는 어떤 것에 대한 선입관을 만들고, 지속적인 반복을 통해 그 선입관이 모두 진실인 양 많은 사람에게 주입시킨다. 안타깝게도 그러한 선입관이 우리 생각의 많은 부분에 각인되어 있다. 즉, 사회가 정해 놓은 어떤 틀에 우리를 가두고 우리가 그 생각을 믿도록 만든다.

그러나 이제는 선입관을 모두 던져버리고 다음의 사실을 굳게 믿고 살아가 보자.

"우리는 고귀하고 위대하며 유일한 존재이다."

'스스로를 믿는 마음'은 우리가 인생을 살면서 어떤 상황이 닥치더라도 그 역경을 잘 이겨낼 수 있도록 만드는 행운의 열쇠이다. 어렵고 힘든 일이 생겼을 때 나를 아껴주는 사람들로부터 위로나 도움을 받을 수 있다. 하지만 무엇보다 내면의 '자신감'이 흔들리면 인생에서 펼쳐지는 다양한 길을 두 발로 걸어가는 게 고통스럽다.

진정 스스로를 믿는 마음은 다른 사람들에게 인정을 받거나, 자신의 사회적 위치로부터 오는 것이 아니다. 다른 사람과 비교했을 때 객관적으로 부족한 부분이 많더라도, 있는 그대로의 자기 자신을 진정으로 사랑하고 믿는 것이다.

<u>스스로가 자기 자신의 진정한 팬이 되어 보자.</u>

<u>스스로</u> 행복한 삶은 자신을 믿고 그 믿음에 따라 행동하는 삶을 살아가는 것이다.

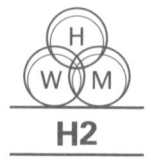

H2
남들과 비교하지 말고, 최고의 인생을 살아가세요

　남들과의 비교는 불행의 시작이다. 다른 사람들로부터 자유로운 삶을 산다는 것은 행복한 삶을 살아가는 데 큰 도움이 된다.

　누구나 자신이 힘든 상황에 처하게 되면 일시적으로 자신감이 떨어지는데, 때론 주위에 잘나가는 사람과 비교하며 자신을 더 큰 고통 속으로 몰고 가기도 한다.

　우리나라 속담 중에 '사촌이 땅을 사면 배가 아프다'는 말이 있다. 그러나 잘 풀리지 않은 자신과 달리 친구가 좋은 직장에 취직하거나 승진했다는 소식을 듣게 되면 '쪼잔해서'가 아니라 상대적으로 자신이 '초라하게' 느껴질 때가 있다.

　인생길에서는 노력한 대로 결실을 볼 때도, 예상치 못한 일로 곤경에 처할 때도, 바라던 직장을 쉽게 들어갈 때도, 직장에서 믿어오던 동료가 느닷없이 배신할 때도, 직장에서 어느 날 갑자기 자리를 잃게 되는 일도 일어날 수 있다.

우리는 각자 다른 인생 곡선을 그리며 살아간다. 그럼에도 불구하고 일이 잘 풀리지 않을 때 다른 사람과 자신을 비교하곤 한다. 이제라도 이러한 행동이 '스스로를 최악의 고통 속으로 몰고 가는 잘못된 행위'라는 것을 깨닫는 것이 중요하다.

'성공적인 삶'은 자신만의 속도대로 스스로 최고의 인생을 만들어 가는 것이다.

현재 좋지 않은 상황에 놓여 있더라도 긍정적으로 자신이 할 수 있는 최선의 노력을 다해 보자. 남들과 비교하지 말고 자신의 '성공적인 삶'이 무엇인지 생각하고, 후회 없는 성공적인 삶을 위해 최선을 다해 행동하고, 그 결과는 기꺼이 받아들여 보자.

자신의 인생길을 가다 넘어지면 스스로 두 발로 딛고 일어나 다시 걸어가는 것이다. 그게 '인생'이다.

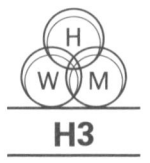

H3
'평온한 마음'으로
하루를 시작해 보세요

원치 않는데도 머릿속에 어떤 불편한 생각이 계속 떠올라 힘들어 본 적이 있는가? 이럴 때는 누구나 마음이 편치 않고 자신의 기분이나 감정을 통제할 수 없다.

우리는 살아가면서 미래에 대한 불안, 누군가에 대한 분노, 해결되지 않은 일에 대한 걱정들로 힘든 시간을 보낼 때가 있다. 이럴 때는 자신의 마음을 안정시키고 편하게 하는 것이 무척 어렵다.

『나를 바꾸면 모든 것이 변한다』에서 제임스 알렌은 "불안은 항상 사람을 실패로 이끌 뿐 어떤 성공에도 공헌하지 않는다. 마음속에 불안이 가득하면 목표, 활력, 행동력 그리고 강인함이 그 기능을 상실하게 된다"고 하면서 불안한 마음이 생기지 않도록 꾸준히 노력해야 한다고 강조한다.

이런 불안한 마음을 우리 자신의 의지대로 통제할 수 있는 좋은 방법은 무엇일까?

여러분이 힘든 상황에 부딪히게 될 때, 다른 때보다 충분한 휴식이나 수면을 할 수 있도록 의식적으로 노력해 보자. 불안한 마음 상태에서는 마음의 속도가 빨라지는데, 반대로 더 느긋하게 행동해 보는 것이다.

무엇보다 하루의 아침을 잘 맞이하는 것이 중요하다. 아침에 일어나 잠자리를 깨끗이 정리하고, 아침 식사를 천천히 하고, 여유 있게 일상생활을 시작한다. 단, 아침에는 최대한 말을 줄이고 하루를 시작하자.

매우 조용한 곳에서 침묵하고 자신의 내면을 들여다보는 시간을 갖길 바란다.

집 근처 공원을 30분 정도 걸으면서 명상을 하고 일을 시작하면 더욱 좋다. 다이어리에 그날의 다짐을 간단히 적어보고 오늘 하루를 어떻게 보낼 것인지 구체적인 계획을 기록하고 행동하자.

자신의 마음이 혼란한 상황일수록 위에 소개한 대로 지속적으로 실천해 본다면 큰 효과를 느낄 것이다. 먼저 3일을 시도해 보고 이 방법이 자신에게 효과가 있다고 느껴진다면 계속 실천해 보자. 다른 때보다 하루를 '평온한 마음'으로 시작하게 될 것이다. 평온한 마음으로 살게 되면 그날 일어나는 많은 일을 담담하게 받아들이게 될 것이고 다른 때보다 일들은 순조롭게 잘 풀어갈 수 있을 것이다. 어떤 일에 대한 결과보다 그 일의 과정에 천천히 집중해 보자.

'평온한 마음'으로 잔잔한 행복을 누리길 바란다.

H4

불필요한 것을 버리고, '정리정돈' 잘하는 습관을 가져 보세요

지금 머릿속이 맑고 가벼운가? 아니면 복잡하고 묵직한가? 전자의 경우라면 정리를 잘하는 습관을 가진 사람일 확률이 높다.

정리의 첫 번째는 필요 없는 것을 버리는 것이다. 바쁘게 직장 생활을 하다 보면 불필요한 것들을 버리는 '때'를 놓치는 경우가 종종 있다. 그렇게 되면 주변이 불필요한 것들로 점점 차게 되고, 정리하는 것을 미루고 미루다 보면 몇 날 며칠 동안 정리해야만 정리가 가능한 상황까지 온다. 그런데 이때 발생하는 큰 문제는 불필요한 것들로 주위를 가득 채우면, 업무 효율도 떨어지고 정작 중요한 일들을 해내는 데 방해가 된다는 것이다.

직장에서 퇴근 30분 전에 자신의 자리와 업무들을 정리하는 습관을 들이는 것이 가장 좋다. 매일 하는 게 아직은 어렵다면 집중력이 가장 떨어지는 금요일 오후에 한번에 해도 좋다. 단순히 자리 정리정돈뿐만 아니라 하루나 한 주 동안 수행한 일들을 다시 돌이켜보고 개선할 사항은 무엇인지, 피하면서 두려움을 키우고 있는 것이나 미처리된 일들을 확인하고 정리해 보자.

『청소력』의 저자 마쓰다 미쓰히로는 고등학교 때 우울증이 심해서 집 밖을 나가지 못했는데, 집에 찾아온 친구가 지저분한 집을 깨끗하게 청소해 줌으로써 우울증이 나아졌다고 한다. 그는 청소 효과에 대해 "더러운 곳에서는 불행의 자장이 형성되어 인생도 잘 풀리지 않고, 깨끗한 곳에서는 행복의 자장이 형성되어 자신의 생각과 행동이 인생을 변화시킨다"고 한다.

실제로 주변 사람들을 살펴보면, 정리정돈을 잘하는 사람은 대체적으로 침착하고 일도 안정감 있게 해내는 편이다. 그 사람의 정신상태를 보려면 그 주변 상태를 보란 말도 있듯이, 자신의 방이나 직장에서 불필요한 것을 버리고 필요한 것만 남겨두자.

불필요한 것을 버리면 정신이 맑아져서 중요한 것에만 집중할 수 있다. 그리고 가능하면 일하는 책상 위에는 꼭 필요한 것만 두고, 업무에 관련된 서류들만 꺼내두고 일하면 집중력이 향상될 것이다.

불필요한 것은 버리고, 삶의 중요한 것에만 집중해 보자.

H5

지금 일어난 일을 '있는 그대로' 받아들이고, 해결책에 집중해 보세요

현재 일어난 일들을 여러분이 어떤 저항도 없이 잘 받아들이고 있다면 지금은 매우 좋은 상태이다. 살다 보면 자신에게 일어난 일들을 받아들이기 어려울 때가 있다. 이럴 때는 슬픔, 분노, 화, 걱정, 불안 등의 감정을 조절하기 어렵다. 쉽지는 않지만, 그런 감정들에 오랫동안 빠져 있지 않도록 의식적으로 노력해 보자. 이런 상황에서 특히 부정적인 생각과 말은 우리 자신에게 전혀 도움이 되지 않는다는 사실을 기억하자.

인생에서 자신이 받아들이기 어려운 일이 일어났다면, 아래 7단계 과정을 시도해 보자.

1단계. 자신에게 일어난 일을 있는 그대로 바라본다.

2단계. 피할 수 없는 상황이라면 마음속으로 그 일을 받아들이기 위해 노력한다.

3단계. 자신이 현재 할 수 있는 일들을 생각하고 기록한다.

4단계. 주위의 가장 신뢰할 수 있는 사람에게 그 일에 대해 상의한다. 더 나아가 전문가의 도움이 필요한 상황이라면 전문가를 찾는다.

5단계. 그 일에 대한 여러 가지 해결 방법을 찾았다면 그 내용을 자세히 기록하여 정리한다.

6단계. 긍정적인 마음으로 지금 바로 할 수 있는 쉬운 일부터 실행하고 점점 난이도 있는 해결 방법들을 처리해 간다.

7단계. 결국 일이 자신이 바라는 대로 순조롭게 잘될 것이라는 믿음을 갖고 계속 행동한다.

이 과정에서 부정적인 기분에 사로잡히지 않고 끊임없이 긍정적으로 생각하고 행동하는 것이 중요하다.

어려운 일의 해결책에 집중하고 지속적으로 행동하다 보면, 여러분이 바라는 대로 그 일은 잘 풀릴 것이다.

H6

어려운 일이 생겼을 때는 정확한 현황을 정리해 보세요

어려운 일이 생겼을 때, 누구나 당황하고 우왕좌왕하기 마련이다. 그리고 대부분의 사람이 그 일에 대한 현황 파악도 제대로 하지 않은 채 일을 급하게 해결하려고 한다.

일단 어려운 상황이 닥쳤을 때, 이를 해결할 충분한 시간이 있고 자신에게 이 상황을 대처할 수 있는 능력이 있다고 믿으며 천천히 마음을 안정시켜 보자.

가장 먼저 그 현황을 정확하게 이해하는 것이 중요하다. 아래의 방법을 이용하면 구체적인 현황을 파악하는 데 도움이 된다.

1단계. 현황을 제대로 파악한 후 그 내용을 요약 정리하는데, 가능하면 '표'를 사용하여 모든 사항을 알기 쉽게 요약 정리한다. (단, A4 1장 내로 요약 정리)

2단계. 날짜 순서대로 발생한 일에 대해 기록한다.

3단계. 관련된 세부 자료들이 있으면 모두 첨부한다.

4단계. 1~3단계까지의 자료는 한 권으로 편철해 둔다.

5단계. 편철해 둔 자료의 내용을 정확히 파악하여 숙지한다.

1단계에서 현황을 표로 정리해 둔 것을 별도로 자리 앞에 붙여두면 일을 처리할 때 참고하기에 좋다. 그리고 한 권으로 편철해 두면 신속하게 자료를 확인할 수 있어 흩어진 자료들을 찾기 위해 허둥지둥하지 않아도 된다. 이렇게 정확한 현황 정리만 잘해도, 일의 해결 방법이 쉽게 찾아지는 경우가 많다. 그리고 전문가의 도움이 필요할 때 이 자료를 그대로 가져가서 설명하면 된다.

무슨 일이든 침착하게 현황을 정확히 파악하고 문서로 정리해 두면 일을 처리하는 데 큰 도움이 된다.

H7
'두려움'에 굴복하지 말고, 적극적으로 '행동'하세요

인생을 살다 보면 '두려움'이 우리의 생활을 방해할 때가 있다.

직장 상사나 동료가 힘들게 하거나, 경제적으로 어려운 상황에 부딪히게 되거나, 큰 사고를 당했거나, 미래에 대한 걱정, 일의 실패에 대한 불안 등 다양한 이유로 '두려움'은 수시로 우리를 찾아온다.

그런데 부정적인 생각으로부터 오는 '두려움'은 우리가 재능을 제대로 발휘하지 못하게 할 뿐만 아니라, 심할 경우 두려움은 우리의 자유로운 마음을 모두 삼켜버리고 건강마저 악화시키기도 한다.

인생을 살면서 이러한 두려움이 엄습할 때 이를 극복할 수 있는 좋은 방법은 무엇일까?

자신을 짓누르는 두려움이 건강을 악화시킬 정도라면 일단 그 상황을 벗어나는 것이 좋다. 그 정도의 심한 경우가 아니라면, 다음에 설명한 대로 실천해 보자.

앞서 강조한 것처럼 이때 '스스로를 믿는 마음'을 갖는 것이 중요하다.

어떤 상황을 직면해서 처리해야 하는데, 그것을 피하는 데서 오는 두려움이라면 반드시 '행동'해야 한다. 가능하면 즉시 행동하는 것이 좋다. 하지만 그것이 힘들다면 특정한 날을 잡고 아침부터 두려움에 피해왔던 일들을 용기 있게 행동해 보자. 그리고 그 일을 실행한 후 느낌을 다이어리에 기록해 보자〈표 2. 두려움에 피해왔던 일의 실천 목록〉.

우리가 두려움에 굴복하지 않고 피해왔던 일을 용기 있게 행동했다는 게 자신감을 불어 넣어줄 것이다. 위 과정을 반복하면서 두려움을 극복하는 훈련을 해 보자.

우리가 용기 있게 정면 돌파함에 따라 두려움의 힘은 적어지고, 결국 처음에 우리가 느꼈던 두려움이 잘못된 생각이었음을 깨달을 수 있을 것이다.

두려워하는 대상을 피하면 피할수록 그 일은 더욱 어려워지고 두려움의 힘은 계속 커진다는 것을 기억하자.

두려움에 피해왔던 일의 실천 목록

〈표 2〉

연번	두려움에 피하고 있는 일	실행 날짜	실행 후 느낌
1	○○업체에 연락하여 주문해서 받은 제품에 하자가 있다고 이야기하고, 새 제품으로 모두 교환 요청하는 일	2020. 5.12	의외로 ○○업체 직원이 친절하게 제품 모두를 교환해주었음.
2	상사가 지시한 업무 처리	2020. 5.12	어려운 일 같아서 계속 미뤄오던 일이 실제로 해 보니 생각보다 어렵지 않음.
3	나의 실수로 피해를 본 친구에게 사과	2020. 5.12	화가 많이 나서 나의 사과를 받아줄 것 같지 않았던 친구가 다행히 내 실수를 너그럽게 이해하고 용서해 줌.

H8
어떤 상황에서도 '감사한 마음'을 갖도록 노력해 보세요

인생을 살다 보면 좋은 상황에서는 감사한 마음이 절로 든다. 그런데 자신에게 힘든 일이 생기면 그 마음은 완전히 사라져 버린다. 오히려 짜증이나 불만 등 부정적인 감정들이 마음속에 가득 차게 된다.

똑같이 어려운 상황을 경험했을 때도 사람마다 '반응'은 저마다 다르다. 어떤 사람은 그 상황을 스스로 이겨내기 위해 방법을 찾고 긍정적이고 감사한 마음으로 노력한다. 또 다른 사람은 그 상황을 극복하기 위해 어떤 노력도 하지 않고 불평만 늘어놓고 남 탓만 하며 부정적인 생각에 사로잡혀 살아간다.

우리 주위에 위와 같은 사람이 있다면 여러분은 누가 더 보기에 좋은가?

물론 전자의 경우 훨씬 보기에 좋고 그런 사람은 긍정적으로 끊임없이 방법을 찾기에 후자보다 어려운 상황을 잘 이겨낼 수 있다.

인생 학교에서는 처음엔 불행으로 생각했던 일이 오히려 몇 년 뒤에 자신을 더 좋은 방향으로 이끌기도 하고, 또 그 반대로 좋은 일이라고 생각했던 것이 나중에는 안 좋은 결과로 이어지는 경우도 있다.

인생에서 일어난 역경들을 긍정적으로 받아들이면서 그 시련을 이겨내어 훗날 돌이켜봤을 때, 이러한 인생의 경험들이 자신을 변화시키고 정신적인 성장을 가져다주었다는 것을 깨닫게 된다.

이는 어떤 상황에서도 감사할 부분을 찾고, 현재 가진 것에 감사한 마음을 가진 이에게 주어지는 인생의 값진 선물이다.

물론 어떤 상황에서도 감사한 마음을 갖는다는 것은 쉽지 않은 일이다. 하지만 이러한 좋은 습관을 지니면 어떤 상황에서도 긍정적인 부분을 찾게 되고, 그런 태도는 결국 자신의 삶을 행복하게 만들어준다.

언제나 긍정적인 생각으로 '감사한 마음'을 자신의 삶에 퍼트려 보자.

H9
자신만의 방법으로
스트레스를 해소하세요

세계적으로 유명한 암 치료 병원 MD anderson cancer center 전문의 김의신 박사가 한국에 방문했을 때 일반인을 대상으로 '암에 걸리지 않고 행복하게 사는 법'에 대한 강연을 했다. 그에 의하면 암에 걸리지 않으려면 스트레스를 최소로 하는 게 가장 중요하다고 한다.

또 스트레스를 최소화하는 방법 3가지를 소개해주었다. 첫째, 마음을 편하게 하는 것, 둘째, 운동을 꾸준히 해서 생체 내 호르몬 균형을 유지하는 것, 셋째, 만족하며 분수에 맞는 생활을 하는 것이라고 한다.

스트레스를 받으면 호르몬의 균형이 깨지고 이러한 불균형이 암 발생에 큰 역할을 하는데, 운동을 하면 호르몬이 균형을 이루게 되고 이것이 암 발생을 낮춘다는 것이다.

여러분은 스트레스를 받을 때 자신만의 해소법을 갖고 있는가?

언제나 극도로 스트레스가 쌓이지 않도록 노력해 보자. 스트레스 받는 일로 예민해지거나 기분이 안 좋을 때는 헬스장이나 공원에서 주 3회 정도 좀 빠른 걸음으로 땀을 흘리면서 1시간 정도 걸어 보는 것도 좋다. 또, 가능하다면 출근 전에 공원을 2~3바퀴 걸으면서 마음의 명상을 하면 스트레스 해소나 업무 집중에도 도움이 될 것이다. 이 외에도 좋아하는 친구와 만나서 맛있는 식사를 하거나, 마음을 위로해주는 책을 읽는 등 자신만의 스트레스 해소 방법을 찾아보는 것이 중요하다. 방법을 찾았다면 바로 실천하여 자기 자신을 응원해 보자.

또, 스트레스 받는 일이 생기면 자신이 통제할 수 있는 부분과 통제할 수 없는 부분을 생각해 보자. 스스로 통제할 수 있는 부분이 있다면 해소하고, 통제할 수 없는 부분이라면 있는 그대로를 받아들이기 위해 노력하자.

자신이 통제할 수 없는 부분을 자신이 바라는 대로 통제하려고 들 때 인생의 고통은 시작된다.

자신만의 스트레스 해소법을 찾아 건강하게 살아가자.

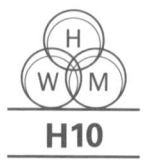

H10
즐겁고 자유로운 마음으로, '하고 싶은 일'을 하며 살아가세요

지금 삶의 시간 속에 '하고 싶은 일'과 '해야만 하는 일', '하기 싫은 일'의 비중이 얼마나 차지하는가?

좋아하는 직업을 선택했다 하더라도 나의 경우는 '하고 싶은 일' 60%, '해야만 하는 일' 30%, '하기 싫은 일'은 10% 정도는 차지한다. 가능하면 해야만 하는 일도 즐거운 마음으로 하려고 노력하지만, 내면에서는 별로 달갑지 않은 목소리를 낸다. 빨리 끝내고 싶다고 말이다.

삶의 시간이 흐를수록, 즐겁고 자유로운 마음으로 삶을 살아가고 싶다는 생각이 간절해진다. 누군가의 통제를 받는 일, 해야만 하는 일, 일적으로 만나야만 하는 사람을 만나는 일은 될 수 있으면 최소로 하는 인생을 살고 싶다.

여러분은 진정으로 자신이 '하고 싶은 일'이 무엇인가?

직장이나 가정에서의 역할은 잠시 잊고, 자신과의 깊은 내면의 대화를 통해서 자신이 진정으로 '하고 싶은 일'이 무엇인지 물어보자. 그 일이 너무도 큰 바람이 아니라면 바로 들어주자. 시간적인 여유가 생겼을 때 하려고 미루면 그 시간은 점점 불투명해진다.

돈을 아껴서 부자가 된 사람들이 자주 하는 말이 수입이 들어오면 사용하고 남는 돈을 저축하는 것이 아니라, 미리 일정 금액을 저축해 놓고 정해진 범위 내에서 지출한다는 것이다. 이와 마찬가지로 자신이 하고 싶은 일을 위한 시간도 반드시 먼저 확보해 두자.

여유가 있다면 일주일에 하루 정도의 시간을, 바쁘다면 반나절이라도 자신이 좋아하는 일을 해 보자. 즐겁게 노는 것도 좋고, 배우는 것도 좋고, 운동하는 것도 누군가에게 해를 끼치지 않은 일이라면 무엇이든 좋다.

자신이 하고 싶은 일을 할 때는 즐겁고, 여유 있게, 자유로운 마음으로 해 보자. 그렇게 하다 보면 자신의 삶을 좀 더 자유롭고, 풍요롭게 만들어갈 수 있다.

H11

언제나 미소를 지으며, 내 삶을 맞이하도록 노력해 보세요

여러분은 언제나 미소를 지으며 살아가고 있는가?

요시카와 나미 저자의 『운이 좋아지는 100가지 방법』에서는 모나리자와 같은 미소를 짓는 것이 운을 부른다고 한다. 일본의 납세액 10위 안에 드는 성공적인 사업가 사이토 히토리의 『부자의 운』에서는 부자가 되고 싶으면 많이 웃으라고 한다. 그에 따르면 '웃는 것'이 쉬운 일 같지만, 인생살이에서 웃을 일만 일어나는 게 아니니 '웃음'은 일종의 수행이라고 한다. 즉, 이 수행을 통해 어떤 상황에서도 웃으면서 인생을 긍정적으로 바라보라는 것이다.

직장에서 인사도 잘하고, 언제나 활기차고, 긍정적인 태도로 일을 하며 잘 웃는 동료를 보면 함께 기분이 좋아진다.

초등학교 다니는 아이의 학부모 면담을 갔는데 선생님께서는 재미있게도 '10살 인생 곡선 그래프'를 보여주었다. 아이들의 '긍정도'를 검사하는 것이라고 한다. 태어나서부터 10살까지 시기별로 양(+)의 값이 클수록 그 시기의 경험을 긍정적으로 생각하는 것이고, 반대로 음(-) 값이 크면 클수록 부정적으로 받아들이는 것이라고 한다. 선생님께서는 다행히 우리 아이의 인생 곡선 그래프는 시기별로 양(+)의 값에서 굴곡이 있어 긍정적인 편이라고 하면서 아이들에 따라 음(-) 값이 큰 친구들도 꽤 있다고 한다.

인생의 반을 달려온 지금 나의 10대부터 시기별 인생 곡선 그래프를 생각해 보니 나이가 들면서 긍정도가 증가한 것 같다. 나이가 들면서 좋은 일이 많이 생겼다기보다, 어린 시절에는 일어난 일들에 대한 불평이나 불만이 많았다. 그런데 점점 나이가 들어가면서는 그런 삶의 태도가 인생을 좋은 방향으로 이끌지 못한다는 점을 깨닫고, 좀 더 지혜롭게 하루하루 일어나는 일들을 긍정적으로 받아들이려고 노력해왔다.

여러분의 인생 곡선 그래프는 어떤가? 웃으면 부자가 되고, 모나리자 같은 미소를 지으면 운이 온다는데 속는 셈 치고 그렇게 살아 봐도 손해 볼 일은 없을 것 같다.

언제나 미소를 지으며 내 삶을 맞이하도록 노력해 보자.

H12
좋은 생각, 친절한 말,
선한 행동을 하기 위해 노력해 보세요

> "첫 번째로는 좋은 생각을 하고, 두 번째는 친절한 말을 하고,
> 세 번째는 선한 행동을 했다. 나는 이렇게 천국으로 들어갔다."
> - 제임스 알렌의 『위대한 생각의 힘』

영성가 제임스 알렌(James Allen, 1864-1912)과 정치가이자 저술가 벤자민 플랭클린(Benjamin Franklin, 1706-1790)은 그들이 쓴 책을 통해 세상 사람들이 좋은 생각과 좋은 행동을 하기를 강조한다.

어떤 일을 하다 보면, 좋은 뜻을 가지고 최선을 다했는데도 불구하고 좋지 않은 결과가 나올 때가 있다. 또 어떤 경우에는 자신의 능력이 부족해서가 아니라 잘못된 의도를 가지고 과정에 참여한 사람들로 인해 좋지 않은 결과가 나타나기도 한다. 그래서 우리는 일을 할 때, 잘못된 생각을 하는 사람이 있다면 주의해야 한다.

살면서 누구나 한 번쯤 주위의 안 좋은 생각을 갖고 잘못된 행동을 하는 사람 때문에 피해를 본 적이 있을 것이다. 사람은 쉽게 변하지 않는다. 사람의 생각의 습관이 쉽게 변하지 않기 때문이다.

인생을 살아가면서 나의 잘못된 생각으로 다른 사람에게 피해를 주지 않도록, 좋은 생각을 하고, 친절한 말과 선한 행동을 하며 3박자가 일치하도록 노력해 보자.

그리고 자신이 바라는 성공적인 삶은 좋은 생각만 갖는다고 저절로 이루어지지는 않는다. 반드시 그에 합당한 행동이 수반되어야 한다.

즉, 좋은 생각과 좋은 행동이 결합될 때 성공적인 삶을 살아갈 수 있다.

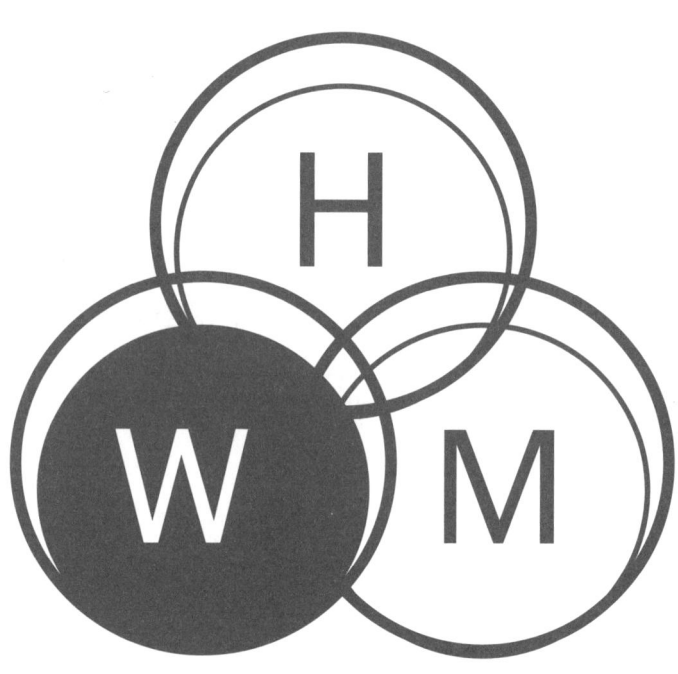

2강

일

Work

W1
자신이 좋아하는 일을
찾으세요

어떤 일을 하며 인생을 살아갈 것인지는 인생에서 매우 중대한 결정이다. 여러분은 자신이 '잘하는 일'을 선택할 것인가? 아니면 '좋아하는 일'을 선택할 것인가?

자신이 좋아하는 일을 하고 사는 것이 더 현명한 선택이라고 생각한다. 그 이유는 다음과 같다. 첫째, 좋아하는 일을 하면 즐겁고 행복하다. 둘째, 자기동기부여(self-motivation)가 되어 끊임없이 능동적으로 일하게 된다. 셋째, 힘든 상황 속에서도 좋아하는 일을 하는 사람은 쉽게 포기하지 않고 그 역경을 극복해 낼 수 있다. 넷째, 잘하지 못하더라도 좋아하는 일을 선택한 경우에 처음엔 서툴지만, 누구나 충분한 시간을 들이면 결국 잘할 수 있게 된다.

조 바이테일 저자의 『돈을 유혹하라』에서 스크럴리 블로트니크가 오래전에 했던 실험에 대해 소개한다. 그는 대상자 1,500명을 두 집단으로 나누고, 어떤 집단에서 백만장자가 많이 나오는지에 대해 실험을 했다고 한다. 집단 A는 돈을 먼저 번 다음 하고 싶은 일을 하겠다는 사람들로 이루어졌고(1,245명), 집단 B는 좋아하는 일을 찾으면 돈은 저절로 따라올 것이라고 믿는 사람들(255명)이었다. 20년 뒤 전체 표본 가운데 백만장자가 몇 명이 나왔는지 확인해 본 결과, 101명이 백만장자가 되어 있었다. 그러나 집단 A에서는 단 한 명밖에 나오지 않았고, 나머지 100명은 좋아하는 일을 추구하면 돈은 저절로 따라온다고 믿은 집단 B에서 나왔다고 한다. 즉, 집단 A는 0.08%의 확률, 집단 B는 39.2%의 확률로 백만장자가 된 것이다. 이 실험은 좋아하는 일을 선택했을 때 백만장자가 될 확률이 높다는 것을 보여준다.

자신이 바라는 일을 하고 사는 것은 행복한 인생을 살아가는 데 매우 중요하다. 다양한 경험들을 통해 반드시 자신이 좋아하는 일을 찾고, 그 일을 할 수 있는 직장을 찾거나 창업을 하길 바란다. 주위 사람들이 바라는 것이 자신이 좋아하는 일로 둔갑해서는 안 된다.

『돈과 인생의 비밀』에서도 저자인 혼다 캔은 많이 이들이 가장 좋아하는 일을 하며 행복한 삶을 살아가길 강조한다.

> "자신이 가장 좋아하는 일을 하라. 꿈을 꾸지 않고 안정된 인생을 선택한 사람은 따분한 인생을 사는 종신형을 스스로에게 선고하는 것과 같다."
> — 혼다 캔의 『돈과 인생의 비밀』

자신이 바라는 행복한 삶을 살기 위해서는 '용기'와 '결단'이 필요할 뿐이다.

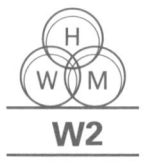

W2
좋아하는 일을 하며
돈 버는 법을 찾아보세요

자신이 가장 좋아하는 일을 발견하였다면 그 일을 하면서 돈 버는 방법을 찾아보자. 이를 위해 자신이 바라는 일을 하는 직장을 구하거나 직접 창업을 할 수 있다.

좋아하는 일을 찾은 후 바로 직장을 구하는 경우가 아니더라도 가능한 한 일찍부터 관심 있는 회사들에 대한 정보를 수집하고, 구인 사이트에서 자격 요건 및 연봉 등의 구체적인 정보를 정리해 두면 좋다. 이렇게 해 두면 자신이 원하는 직장에 들어가기 위한 자격 요건 등을 미리 파악하여 준비해 둘 수 있고 실제로 직장을 구할 때 준비된 자세로 좋은 기회를 거머쥘 수 있다.

창업을 할 때도 마찬가지다. 미리 창업을 해서 그 일을 하고 있는 사람들을 주위 사람들로부터 소개를 받아 만나보고 그들로부터 창업을 위한 정보를 얻길 바란다. 또, 여러 경로를 통해 창업을 위한 방법이나 비용, 필요한 기술, 창업비용 등의 구체적인 사항을 파악하여 정리해 두면 충분한 시간을 갖고 미리 준비해 둘 수 있다.

『좋아하는 것을 돈으로 바꾸는 법』의 저자인 다이고는 사람의 마음을 읽고 조종할 수 있는 멘탈리즘을 구사하는 일본의 유일한 멘탈리스트였다. 그는 원래 대학에서 인공지능을 전공한 사람인데, 멘탈리즘에 빠지면서 TV에도 출연하게 되었고, 이러한 활동을 통해 유명세는 물론 큰돈도 벌게 되었다. 그러던 중 그는 갑자기 돈의 노예로 살기 싫다는 생각을 하며 돌연 은퇴를 선언한다. 그는 이제는 자신이 정말 좋아하는 일을 하며 살아가겠다고 결심하고, 어렸을 때부터 책을 읽을 때가 가장 행복하다는 것을 깨달았다. 그리하여 현재는 '지식을 최대화하는 것'을 인생의 목적으로 책 읽기에 열중하며 독서를 통해 얻은 지식으로 기업 연수, 강연, 컨설팅을 하면서 돈을 벌며 살고 있다.

멘탈리스트 다이고처럼 행복한 인생을 위해 자신이 좋아하는 일을 용기 있게 선택하고, 돈 버는 방법을 적극적으로 찾아보는 삶이 되길 간절히 바란다.

자기 인생의 결정권자는 바로 나 자신이라는 사실을 잊지 말자.

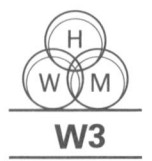

W3
스스로 통제할 수 있는 일에
집중해 보세요

젊을 때는 어떤 일에 대해 노력을 기울인 만큼 좋은 결과가 나오지 않을 경우, 내 능력이 부족해서 그런 결과가 나왔다며 자신을 많이 괴롭혔다.

그런데 직장 생활을 오래 하다 보니, 내가 최선의 노력을 다하였더라도 과정에서 그 일을 통제하는 사람들의 생각이 그 결과의 변수로 크게 작용한다는 것을 알게 되었다. 자신이 수행한 일의 질적 수준이 높았더라도 그 일의 결과를 통제하는 사람들의 선입관이나 잘못된 의도가 반영되면 예상과 달리 좋지 않은 결과를 얻게 된다.

즉, 스스로 통제하지 못하는 부분이 많은 일이라면 그 결과를 예측하기 쉽지 않다는 것이다. 실무자가 아닌 바깥에서 일을 통제하는 사람이 잘못된 판단으로 일의 결과를 바꾸어버렸을 때, 이를 바로잡으려 노력해도 그 결과는 쉽게 바뀌지 않는다. 이제는 이런 유쾌하지 않은 일이 닥쳐와도 마음을 비우고 그 결과를 수용하는 것이 상책이라는 것을 잘 알고 있다.

그래도 이런 쓴 경험을 하면서 배울 수 있었던 사실은 '어떤 일이든 스스로 통제할 수 있는 부분과 통제할 수 없는 부분이 있다는 것'이다.

어떤 일이든 스스로 통제할 수 있는 부분이 무엇인지 생각하고 그 영역 내에서 최선을 다해 보자. 무엇보다 자신의 능력을 계발하고 성장시키는 것은 우리 스스로 통제할 수 있는 중요한 부분이다. 자신의 재능을 계발하기 위해 끊임없이 배우고 노력해 보자. 이것은 다른 누구도 통제할 수 없는 부분이다.

개인 생활에서도 스스로 통제할 수 있는 부분에 집중해 노력을 기울이면 작은 성공들이 우리에게 자신감을 가져다준다. 매일 잠깐씩 틈을 내서 '영어회화' 공부를 한다든가, 건강을 위해 주 3회 운동을 한다든가, 다이어트를 위해 저녁 6시 이후로는 금식을 하는 등 나를 위한 시간을 가져보자.

삶에서 스스로 통제할 수 있는 일에 집중해 보자.

W4

자신의 '시간'을
잘 디자인해 보세요

시간은 돈이다. 시간은 금이다. 시간의 중요성을 일깨우는 명언은 많다. 여러분은 소중한 시간을 얼마나 효율적으로 잘 이용하고 있는가?

우리에게 주어진 시간을 잘 디자인하는 것은 자신의 멋진 인생을 만들어가는 것과도 같다.

나는 10년 전부터 일일 다이어리를 써 오고 있는데, 2년 전까지 써 오던 일일 다이어리가 수익이 나지 않는다고 절판되면서 직접 만들어 사용하고 있다. 다이어리 프레임을 만들고 펀치를 뚫는 작업이 번거롭고 시간이 좀 걸리지만, 인생의 프레임을 자유롭게 만들 수 있는 점이 좋다.

연말이 되면 그해에 목표로 했던 일들을 모두 달성했는지 점검하고 그해에 실행하지 못한 일은 다음 해의 목표로 넘기거나 더 이상 필요하지 않다면 삭제한다.

나의 경우, 매주 월요일 오전에는 한 주의 시간을 디자인하고 주간의 중요 목표들을 머릿속에 새긴다. 부득이한 사정이 생겨 월요일에 한 주 계획을 세우지 못하면 그 주는 허둥지둥 무엇에 쫓기듯 뛰어가게 된다. 무슨 일이 중요한지도 모르고 눈을 감고 한 주를 걸어가는 것과 같은 기분이 든다.

　예전에는 시간을 빼곡히 채우는 일정이었지만, 지금은 일정들 사이에 시간적 여유를 두는 편이다. 할 일들을 급하게 끝내지 않고 중요한 일들에 대해 정성스럽게 시간을 들여 일하기 위해서이다. 스마트폰 일정표는 중요 일정을 기록하지만, 주로 일일 다이어리에 그날의 다짐이나 계획, 반복되는 일들 등 모든 사항을 꼼꼼히 기록해 둔다. 매일 아침 일을 시작하기 전에 시간별로 꼼꼼히 하루의 계획을 적고 실행해가면 하루를 충실하게 보낼 수 있다.

　이렇게 일일 다이어리에 기록한 후 한 해를 돌이키며 다이어리를 보면 한 해를 충실히 살아왔다는 느낌에 뿌듯함이 들고 그 안에는 인생이 담긴다. 어느 날 갑자기 일어난 해결하지 못할 것만 같았던 일들도 다이어리에 세부적으로 계획하고 실행해가다 보면 어느새 그 일은 해결이 되어있다. 기록은 행동을 촉진한다.

　여러분이 다이어리북을 잘 활용하여, 시간을 잘 디자인하고, 성공적인 삶을 살아가길 바란다.

W5

한 해, 월별, 주별, 일별 주요 목표를 설정해 보세요

지금까지 업데이트된 다이어리 작성 요령을 소개하고자 한다. 한 해가 시작되면 가장 먼저 해당 연도의 주요 목표를 세운다. 직장에서 추진할 업무들과 관련 분야에서 성장이 필요한 부분들과 개인적으로 하고 싶은 일이나 역량을 키울 부분들을 포함하여 목표를 설정하고 그 옆에는 추진 기한을 적는다〈표 3. 2021년 목표〉.

월별 업무 다이어리 세션에는 매달 마지막 주 월요일에 월별 업무를 모두 이행했는지 점검하고, 다음 달 업무를 중요도에 따라 중요 업무(★★)와 일반 업무(★)를 기재하고 그달의 미처리된 업무들은 다음 달의 중요 업무에 포함한다〈표 4. 월별 계획표〉.

주간 업무 다이어리 세션에는 일의 중요도에 따라 그 주에 처리할 가장 중요한 업무(★★★) 한 가지를, 중요한 업무(★★)는 서너 가지를, 일반 업무(★)는 간단히 처리할 업무를 기재한다〈표 5. 주간 계획표〉. 중요한 업무(★★) 옆에는 언제 그 일을 수행할지 요일을 적고, 마지막에 미이행 사항은 그 전주에 처리하지 못한 일을 기재하여 반드시 처리한다. 한 주에 처리할 중요한 업무(★★)는 서너 가지를 넘기지 않는 범위에서 우선순위를 두고 결정한다. 다음 돈에 대한 습관 편에서 소개될 내용인데, 한 주가 끝나면 일요일에는 자신이 정해둔 제한 범위 내에서 지출하도록 한 주 동안 지출한 내역을 excel 파일로 정리하여 관리하면 좋다.

일간 업무 다이어리에는 그날 해야 할 업무들을 먼저 기록하고, 시간대별로 언제 각각의 업무를 처리할 것인지 결정하여 기재한다. 업무를 처리한 후에는 오른쪽에 체크표시를 하거나 붉은 펜으로 한 줄로 그어 업무가 완료되었음을 표시한다〈표 6. 일간 계획표〉.

하루, 한 주, 한 달의 다이어리 세션을 작성하면서 무엇보다 자신이 수행한 일들을 되돌아보고 분석하는 것이 중요하다. 불필요한 일은 무엇인지, 두려움에 계속 미루고 있는 일은 무엇인지, 일을 더 효율적으로 할 수 있는 방법은 무엇인지 등의 개선할 부분을 찾고 숙고하면서 실행해가야 한다.

위에 자세히 설명한 것처럼 다이어리를 작성하는 습관이 생기면 자신의 시간을 효율적으로 관리할 수 있게 된다.

처리할 많은 일 중에서 우선순위가 무엇인지 파악하여 처리하는 게 가능하다. 또, 많은 업무에 대해 시간을 분배해서 처리하는 방법을 터득하게 되므로 한꺼번에 많은 일을 처리할 필요가 없다.

다이어리를 작성하는 습관은 시간을 잘 디자인할 수 있게 만들고, 여러분에게 여유 있는 삶을 선사할 것이다.

2021년 목표

⟨표 3⟩

연번	목표	추진 기한	달성여부
1	연구 논문 작성하여 투고	9월	
2	리뷰 논문 작성하여 투고	11월	
3	화상 영어로 영어 회화 공부해서 영어 회화 실력 향상	상시	
	…		
	…		
	…		
	…		
	…		
	…		
	…		
	…		
	…		
	…		
	…		
	…		
	…		
	…		
	…		

〈표 4〉
중요 업무 ★★

- ☐ Zoom 프로그램을 활용하여 화상 강의 준비
- ☐ 생명과학 및 세포생물학 책 공부
- ☐ 논문 작성을 위한 준비
- ☐ 3월 미처리 사항 ⇒ 연구실 정리 정돈(불필요한 책이나 물건 버리기)
- ☐

일반 업무 ★

- ☐ 실험에 필요한 실험 물품 체크 후 준비
- ☐ 세포 배양 준비
- ☐
- ☐
- ☐
- ☐
- ☐
- ☐
- ☐
- ☐
- ☐
- ☐
- ☐

주간 업무

〈표 5〉

Date: 2021/4/6 ~ 2021/4/12

주요 집중 업무 ★★★

- Zoom 프로그램을 활용하여 화상 강의 연습

중요 업무 ★★

- ☐ Zoom 프로그램을 사용법 숙지 및 학생들과 테스트 (수)
- ☐ 생명과학 및 세포생물학 강의 준비 (월, 화)
- ☐ 논문 작성을 위한 준비 시작 (목, 금)

일반 업무 ★

- ☐ 실험에 필요한 실험 물품 체크
- ☐ 생명과학 세미나 수업 준비
- ☐
- ☐
- ☐
- ☐
- ☐
- ☐

미이행 업무 ★

- ☐ 연구실 정리
- ☐

Date 2021/4/6　　　(화요일)　　　Today's status: __피곤함...__

〈표 6〉

Time	업무		연번	업무	달성여부
8~9			1	주간 계획 수립	✓
9~10	주간 계획 수립 ↓		2	세포생물학 강의 준비	✓
10~11	세포생물학 강의 준비 ↓		3	생명과학 강의 준비	✓
11~12	↓ ↓		4	세포생물학 강의	✓
12~1	점심 ↓				
1~2	생명과학 강의 준비 ↓				
2~3	↓ ↓				
3~4	세포 생물학 강의 준비 세포 생물학 강의				
4~5	↓ ↓				
5~6	↓ 휴식				
6~7					

Memo

56　성공적인 삶을 위한 좋은 습관

W6
일주일에 하루는
한 가지 일에 몰입해 보세요

> "자신감과 더불어 몰입을 배운 사람은
> 진정으로 자율적이고 진정으로 세계와 연결되어 있는 사람이다.
> 그들은 외적인 보상보다는 실존의 곤경을 극복하는 것에서
> 훨씬 더 많은 자극을 받게 될 것이다."
> — 미하이 칙센트미하이의 『몰입의 기술』

칙센트미하이는 '몰입(flow)'이 우리의 삶에 창의성과 행복을 가져다준다고 하였다.

여러분은 어떤 일에 몰입의 즐거움을 느낀 적이 있는가?

5년 전에 직장에서 관리자 역할을 맡게 되었는데, 이와는 별도로 오랫동안 연구해 온 연구 결과들에 대한 논문을 작성해야 하는 상황이었다. 그런데 평일에는 많은 사람을 만나 일을 처리하느라 논문 작업을 하기 어려워 특단의 조치로 토요일마다 논문 작업을 한다는 목표를 세우고, 토요일에는 어떤 일도 제쳐두고 그 일에만 집중

했다. 그렇게 6개월 정도 시간이 흘렀을 때 매우 바쁜 상황 속에서도 논문 1편이 완성되었고 논문 투고를 한 경험이 있다.

그 당시에 일하면서 최대한 몰입의 조건을 만들기 위해 많은 시도를 하면서 좋은 방법을 터득하게 되었고 그 방법은 아래와 같다.

1) 집 앞 공원 2~3바퀴를 걸으며 마음의 명상을 하며 가볍게 땀을 흘린다.
2) 일하는 곳으로 가서 자신의 주변은 깨끗하게 정리하고, 책상에는 집중하고자 하는 업무만 올려놓는다. (그 전날 이런 상태를 준비해 두면 더욱 좋다.)
3) 휴대폰을 무음으로 해 두고, 가능한 모든 소음을 제거한 조용한 상태를 만든다.
4) 마음을 고요히 하고, 침묵하며 자신이 몰입하고자 하는 한 가지 일을 수행한다.

여러분도 위와 같이 실천해본다면 어떤 저항도 없이 그 일에 몰입되는 즐거움을 느낄 수 있을 것이라 믿는다. 그날은 몰입의 즐거움으로 행복한 날이 될 것이다.

조용한 곳에서, 침묵하고, 마음을 고요히 하며, 천천히, 자신이 몰입하고자 하는 일에 집중하자.

W7
재능 계발을 위한
일을 배워 보세요

직장을 다니면서 직무와 관련된 현재 필요한 일들은 직장 생활을 하면서 배워갈 수 있다.

그런데 좀 더 장기적 안목을 갖고 5~10년 뒤에는 다른 분야까지 전문성을 확대할 계획을 하고 있거나, 다른 분야의 일로 전향하거나, 외국에 나가서 좋은 경험을 쌓고자 한다는 등의 발전적인 미래를 위해 천천히 준비해가면 좋다.

1주일에 1번 퇴근 후 평일 야간이나 토요일 오전이나 오후 4시간 정도의 시간을 정기적으로 활용하여 장기적인 목표를 이루기 위한 준비를 해두면 어떨까?

예를 들어 몇 년 뒤에 외국에 나갈 생각을 하고 있다면, 어학을 꾸준히 공부한다든가, 일반 사무직인데 회계 분야로 전문성을 확대할 계획이라면 회계 분야의 공부를 한다든가, 나중에 책을 출판할 계획을 하고 있다면 글쓰기 강좌에 신청을 해서 글쓰기에 대한 공부를 할 수도 있다.

성공적인 삶을 위한 꿈을 이루기 위해 이와 관련된 공부를 천천히 해가면 좋을 것이다. 한 분야에 1,000시간을 투자하면 전문가가 될 수 있다고 한다. 1주일에 4시간을 투자한다면 1년을 52주로 208시간, 5년이면 1,040시간을 투자하게 되는 것이고 이렇게 5년 뒤에는 한 분야에 전문가가 될 수 있다.

지금 직장에 들어가 안정적으로 일하고 있다면, 현재 하고 있는 일에 최선을 다하되 향후 발생할 수 있는 리스크에도 대비를 해 두는 것이 좋다. 예기치 못한 상황으로 갑자기 다른 직장을 찾아야 하는 경우, 오랫동안 자신의 재능 계발을 위해 노력해 왔다면 그런 상황에서도 좋은 기회를 찾을 수 있을 것이다. 다음에 나오는 돈에 대한 습관 편에서 이야기하겠지만 안정적으로 일하고 있을 때 예기치 못한 리스크를 대비해서 비상금 3,000만 원 정도는 준비해 두면 좋다. 그 이유는 예상치 못한 상황이 발생하더라도 자신의 재능 계발과 함께 긴급한 자금이 준비되어 있다면 마음의 여유를 갖고 대응할 수 있기 때문이다.

'재능'과 '돈' 이 두 가지를 준비해두지 않았다면 최악의 상황에서 감내해야 할 마음의 고통이 클 수 있다.

W8

어떤 상황에서도
'좋은 의지'와 '좋은 태도'를 유지하세요

직장 생활을 하다 보면 '좋은 태도'를 가진 사람을 볼 때 기분이 좋아진다. 누구나 힘겨운 업무들이나 사람들과 실랑이하다 보면 어느새 얼굴은 굳어지고 웃음도 나오지 않는 경우가 많다. 그런 와중에도 '태도가 좋은 사람'들은 아래와 같은 특징이 있다.

1. 언제나 미소를 잃지 않는다.
2. 어떤 일이든 매우 협조적이다.
3. 불필요한 말을 하지 않는다.
4. 자신을 돋보이려고 다른 사람을 얕보지 않는다.
5. 다른 사람에게 배려를 잘한다.
6. 어떤 상황에서도 긍정적이다.
7. 말을 함부로 하지 않는다.
8. 기분이 안정적이다.
9. 다른 사람을 존중한다.
10. 일에 대한 책임감이 강하다.

조직에서 함께 일하는 사람들의 좋은 의지와 좋은 태도는 매우 중요하다. 직무 능력은 조금 부족하더라도 좋은 의지와 좋은 태도를 가진 사람은 일정한 시간이 흐르면 그 능력은 향상이 된다. 하지만 그렇지 않은 사람은 일정한 시간이 흘러도 쉽게 변하지 않는다. 그 이유는 좋은 의지와 좋은 태도는 그 사람의 좋은 생각과 좋은 인성으로부터 만들어지기 때문이다. 실력 향상을 위한 노력도 중요하지만, 자기 생각을 잘 관리하여 내면이 아름다운 사람이 되도록 하자.

니시나카 쓰토무 저자의 『운을 읽는 변호사』에 소개된 '좋은 운을 부르는 여섯 가지 마음'을 소개한다.

1) "안녕하세요"라는 밝은 마음
2) "네"라는 솔직한 마음
3) "죄송합니다"라는 반성의 마음
4) "제가 하겠습니다"라는 적극적인 마음
5) "감사합니다"라는 감사의 마음
6) "덕분입니다"라는 겸손한 마음

일할 때 좋은 운을 부르는 6가지 좋은 마음을 갖고 지속적으로 행동한다면 직장에서 누구나 좋아하는 사람이 될 것이다.

W9
실수는 하더라도, '신뢰'할 수 있는 사람이 되세요

직장에서 여러 사람과 일할 때 '정직성'은 매우 중요한 요소이다. 조직에서는 많은 문제가 발생하고 그 일들을 해결해야 하는 경우가 많다.

연구자들은 어떤 실험을 할 때 실험 방법에 따라 실험을 수행하지만, 실험 과정에서 작은 실수나 이상한 점이 발견되면 연구 노트에 자세히 기록한다. 최종 실험 결과가 안 좋아서 다시 그 실험을 수행할 때는 처음에 문제가 있었던 과정에 변화를 주면서 실험을 바로잡아간다. 실험하면서 '이쯤이야' 하면서 지나친 작은 실수가 수많은 단계를 거쳐 오면서 최악의 결과로 나타난 경험이 여러 번 있다.

조직에서도 하나의 프로젝트를 진행할 때 여러 단계를 거치게 되는데, 그 과정에서 많은 사람이 관여하게 된다. 그렇기 때문에 무엇인가 문제가 발생했을 때 해결하기 위해서는 각 과정의 담당자들은 그 일을 어떻게 처리했는지 사실대로 이야기해줘야 한다. 이 과정에서 잘못 처리한 것이 문제될까 봐 사실이 가려지면 해결 방법을 찾지 못하고 그 일은 더욱 미궁 속으로 빠지게 된다.

조직에서 신뢰할 수 있는 사람이란 실수를 하지 않는 사람이 아니다. 실수는 했더라도 사실대로 이야기하고 잘못을 바로잡을 수 있는 사람은 신뢰할 수 있는 사람이다. 즉, 조직에서는 좋은 일이든 안 좋은 일이든 있는 그대로 이야기할 수 있는 용기 있는 사람이 필요하다.

직장에서 자신이 어떻게 평가받을지 모르는 부담감에 좋은 일만 이야기하는 사람이 있다. 안 좋은 일은 때를 놓치면 해결이 어려워지는 경우가 많다. 또 문제들을 내버려 두게 되면 호미로 막을 것을 가래로 막는 경우가 생긴다. 즉, 일이 커지기 전에 처리하였으면 쉽게 해결되었을 일을 내버려 두게 되면 나중에는 큰 힘을 들여서 해결해야 한다.

조직에서 꼭 필요한 사람은 실수하지 않는 완벽한 사람이 아니라 실수를 하더라도 정직하게 이야기하고 잘못을 바로잡을 수 있는 '신뢰할 수 있는 사람이다.

W10

'Self-motivation(자기동기부여)'이 되어 스스로 일해 보세요

자신이 좋아하는 일을 하고 있다면, 일을 할 때 "self-motivation"이 되어 일하게 된다.

한국에서 박사학위를 마치고 미국에서 박사 후 연구원으로 일하기 위해 자리를 알아볼 때, 여러 연구실에서 박사 후 연구원을 채용하는 "필수자격요건(requirment)"에 "self-motivated"가 포함되어 있는 것을 볼 수 있었다. 자격요건이 토플 등의 영어 성적이나 특별한 자격증이 아니라 "자기 동기부여가 된 자"라고 되어 있어 재미있다고 생각하고 그냥 지나쳤다. 그때만 해도 일은 최선을 다해 열심히만 하면 되는 것으로 생각했는데, 이제는 "self-motivation"의 중요성을 이해할 수 있다.

여러분이 직장의 상사라고 가정해 보자.

A는 주어진 일들을 매번 시켜야 일을 수행하고, 시킨 일을 할 때

도 마지못해 겨우 한다. B는 자기에게 부여된 일들은 성실히 수행한다. C는 자기에게 부여된 일뿐만 아니라, 스스로 필요한 일을 찾아서 하고 더 좋은 제안도 한다. A, B, C 부하 직원이 있다면 누구에게 더 좋은 기회를 주겠는가?

C의 경우, "self-motivation"이 되어 있기 때문에 가능하다. "Self-motivation"이 되어 있는 사람은 스스로 알아서 즐겁게 일한다. 함께 일하는 사람들도 긍정적인 기분으로 즐겁게 일할 수 있다. 또한, 이들은 매주, 매일 routine 한 일들도 세심한 노력을 기울여서 제대로 일을 한다.

공자의 "천재는 노력하는 자를 이기지 못하고, 노력하는 자는 즐기는 자를 이기지 못한다"는 말과 같이, 자신이 좋아하는 일을 찾고 "self-motivation"이 돼서 스스로 일할 수 있다면 행복한 삶을 살아갈 수 있다.

자신의 내면의 소리에 귀를 기울이고 '좋아하는 일'을 하며 즐겁게 살아가자.

W11
자신을 괴롭히는 사람과는 거리를 두세요

가까운 친구가 같이 일하는 상사가 괴롭혀서 과도한 스트레스 때문에 다른 부서로 이동하거나 다른 직장을 찾는 것까지 생각해 보고 있다면서 괴로움을 토로한 적이 있다. 그때 무슨 그런 일로 회사를 바꾼다는 이야기를 하냐면서 그 나이에 다른 회사를 찾는 게 쉬운 것도 아니니 잘 적응하고 견뎌 보라고 했다.

결국, 그 친구는 회사 측에 부서 변경을 요청했고, 지금까지 오래 일해오던 일과는 전혀 다른 분야의 부서로 이동하여 일하게 되었다. 그전 부서와 달리 변경된 부서에는 더 낮은 직급으로 일하게 되었는데도 기분 좋게 잘 배워가고 있고, 상사 때문에 받는 스트레스가 없으니 이제는 회사에 다닐 만하다고 했다.

일하다 보면 가끔 나와는 전혀 다른 사고방식을 가진 상사나 동료를 만나게 되는 경우가 있다. 자존심을 최대한 누르고 될 수 있으면 맞춰 보려고 해도 우리의 인내력을 시험하는 사람들을 가끔 만나게 된다. 이는 서로 전혀 다른 인생 풍경을 가진 사람이 한곳에서 같이 일하기 때문이다.

만약 직장에서 일하면서 상사나 동료가 이유 없이 괴롭힌다면 나의 친구처럼 이를 해결하기 위해 회사에 적극적인 조치를 요청하길 권한다. 물론 괴롭히는 사람이 상사일 경우, 상사가 인사의 권한을 갖고 있다면 이러한 결정이 쉽지 않다. 하지만 그런 괴로움 속에서 직장 생활을 하면 일할 때 능력 발휘를 제대로 할 수 없을 뿐만 아니라 고통의 나날이 계속될 수밖에 없고 심지어는 건강에도 악영향을 줄 수도 있다. 자신을 괴롭히는 상사나 동료가 저절로 자신이 바라는 대로 바뀔 리가 없다. 이런 상황에서 자신이 회사에 적극적인 조치를 하게 되면 물론 그 관계가 조금 불편해질 수 있고, 약간의 거리가 생길 수 있지만, 오히려 이렇게 생긴 약간의 거리는 자신을 지키는 안전선과 같다.

자신에게 이유 없이 해를 가하는 사람은 피하는 것이 좋고 피할 수 없다면 약간의 거리를 두고 지내는 것이 좋다.

자신의 삶에 허락도 없이 불쑥 들어와서 자신을 불쾌하게 만든 사람은 반드시 거리를 두길 바란다.

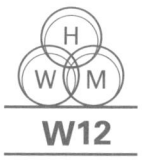

W12
'화'를 잘 관리하세요

혼자 일하는 사람이 아니라면 대부분은 많은 사람과 함께 일을 한다. 직장 생활에서 가장 어려운 일 중 하나가 어떤 일로 화가 났을 때 자신을 통제하는 일이다.

사랑하는 가족들이야 자신이 화를 내고 짜증을 내더라도 뭔가 힘든 일이 있어 저러나 보다 하고 사랑으로 이해하며 넘어간다 하더라도, 직장에서는 어떤 일로 화를 내는 상황이 발생하면 서로의 관계가 돌이킬 수 없는 상황으로 진행되기도 한다.

막중한 책임을 갖고 일하던 프로젝트가 갑자기 진행이 잘 안 된다든지, 자신이 생각했던 것과 달리 어떤 상황이 발생한다든지, 잘되고 있던 일이 다른 이의 악의적인 행동으로 방해를 받는다든지, 자신과 맞지 않은 사람과 일하면서 불만이 쌓여 있다든지, 자신의 의도와 다르게 다른 사람이 오해해서 자신을 괴롭힌다든지, 자신보다 열심히 하지 않고 실력이 없다고 생각했던 사람이 먼저 승진을 한다든지 등등….

위와 같은 여러 가지 이유로 직장에서 화가 나는 상황이 발생한다. 자신이 어떤 일로 화가 많이 났을 때는 일단 침묵을 하고 그 상황을 일단 벗어나는 것이 좋다. 화가 나서 그 감정 그대로 즉시 상대에게 화를 내게 되면 상대가 아무리 잘못을 했어도 이미 자신이 잘못한 사람이 되어 버린다. 이성을 잃고 화를 내서 상대의 감정을 심하게 상하게 한 죄로 말이다.

틱낫한의 『행복』에서는 화가 날 때 화를 나게 만든 상대에게 그대로 똑같이 갚아 줘서는 안 된다고 한다. 화가 날 때는 침묵하며, 나아가 말을 할 수 있다면 톤을 낮춰 상대에게 자신이 어떤 이유로 화가 난다는 사실을 상대에게 알리는 게 좋다는 것이다. 또, 화를 나게 한 상대에게 그대로 화를 내게 되면 상대는 나를 괴롭히기 위해 더욱 노력하게 된다고 한다.

하지만 일을 하면서 실제 상황에 부딪히면 화를 조절하는 것은 정말 어렵다. 틱낫한이 소개한 방법은 쉽진 않지만 노력해 보자.

화가 나면 일단 '침묵'하고 일단 그날은 특별히 중요한 일이 없다면 기분 전환을 위해 될 수 있으면 그 자리를 피하는 것이 좋다.

화는 풀리지 않았더라도 다음 날에는 자신의 감정을 통제할 수 있는 좀 더 이성적인 상태가 될 것이다.

화가 나게 한 상대에게 자신이 하고 싶은 말이 있다면 차분하게 이야기해 보자.

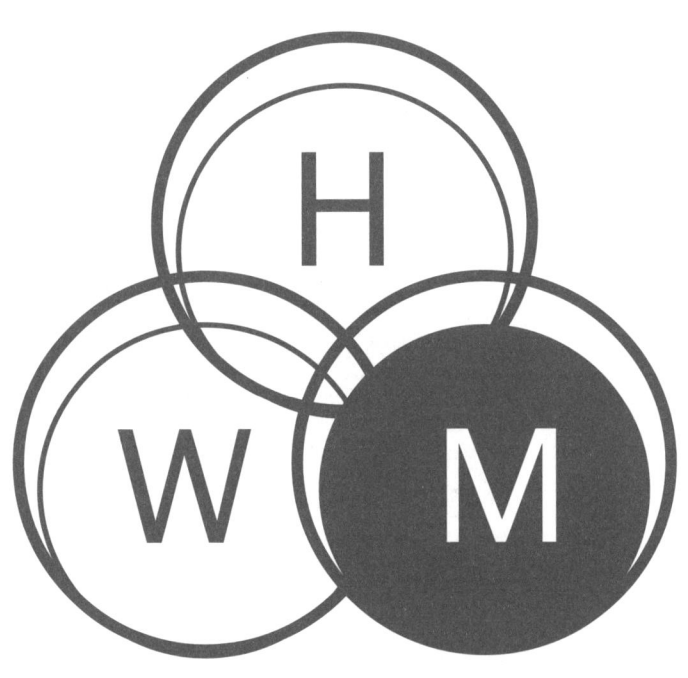

3강

돈

Money

인생에서 '돈의 가치'를
깨달아 보세요

여러분이 경제적인 어려움을 겪어본 적 없이 돈의 가치를 깨닫고 돈을 잘 관리하며 살고 있다면 무척 다행이다. 그러나 인생을 살아가면서 갑자기 경제적인 어려움을 경험하게 되면 돈의 가치를 절실히 깨닫게 된다.

불과 몇 년 전까지만 해도 큰 낭비 없이 필요한 곳에만 돈을 사용하며 잘 관리하며 살고 있다고 믿고 있었다. 그런데 인생에서 갑자기 큰돈이 들어가는 일이 생기면서 문득 그동안 배운 '교육'에 배신감마저 들었다.

초등학교부터 대학교, 직장 생활을 해 오면서 '돈에 대한 교육'을 제대로 받아본 기억이 없다. 막연하게 절약해서 저축하면 좋고, 주식이나 펀드는 잘못하면 위험하다는 정도이다. 돈에 대한 관리는 자신이 알아서 하는 일이지 누군가가 가르치는 것은 아니라는 잘못된 생각을 하고 살아온 것 같다.

그런데 4차 산업혁명 시대에 인공지능에 관한 교육의 중요성이 주목받는 지금, 이것 못지않게 중요한 것은 '돈에 대한 교육'이 아닐까?

2014년 미국의 일간 신문과 미국 노인협회에서 60세 이상 노인 1,000명에게 인생에서 가장 후회하는 것을 무엇인지 물어본 결과 1위는 '더 많은 돈을 저축하지 못한 것'이라고 한다. 돈의 가치에 대해 배우고 돈을 제대로 사용하고 관리하는 것에 대한 교육이 절실하다.

우리는 인생을 살아가는 거의 모든 순간에 돈을 지불한다. 돈에 의해 우리의 많은 '선택'이 달라지고, 건강에도 영향을 미친다. 가능한 일찍부터 가정이나 학교에서는 '돈에 대한 좋은 교육'을 해야 한다.

늦게나마 깨우친 돈에 대한 관리법을 소개하고자 하며, 이를 통해 여러분이 후회 없는 인생을 살아가고 앞으로 더욱 여유로운 삶을 살아가는 데 도움이 되기를 소망한다.

돈의 가치를 깨닫고 성공적인 삶을 만들어가자.

자신의 현재 재정 상태를
분석해 보세요

작년 이맘때 갑자기 목돈이 필요한 상황이 생겼다. 물론 대출을 통해 빌리면 됐지만 위급한 상황에 준비해 둔 돈이 없다는 사실에 깊이 반성하며, 이 작은 사건이 계기가 되어 돈 관리를 제대로 시작하게 되었다.

1년이 지난 지금 통장에는 위급한 상황에 쓸 수 있는 돈이 어느 정도 저축되어 있다. 다른 때보다 돈을 많이 벌어서가 아니고 지난 1년 동안 지출을 제한하고 돈에 대한 습관을 바꿨기 때문이다.

보도 섀퍼의 『돈』에서는 파산 직전의 사람들은 단돈 500만 원이 없어서 파산된다고 한다. 이는 파산 직전의 사람들에게만 해당하는 이야기가 아니라 돈에 대한 인생 준비가 되어 있지 않은 평범한 사람들이 위급한 상황에서 충분히 경험할 수 있는 일이다. 먼저 다음 순서에 따라 현재 자신의 재정 상태를 정리하고 분석해 보자.

1) 우선 자신의 자산 및 부채 현황을 정리한다.
   - 자신의 자산에서 부채를 제외하면 '순자산'이 나온다. 자산은 현재 보유하고 있는 재산인 예금, 적금, 현금, 주식이나 펀드, 부동산(감정평가액), 퇴직연금을 합산한다. 부채는 은행이나 신용카드 대출이나 마이너스 통장의 금액을 모두 합산한다. 순자산은 자산 합계액에서 부채 합계액을 빼면 계산된다.

2) 가정의 수입과 지출의 세부사항을 모두 적는다〈표 7. 수입 및 지출 현황표〉.
   - 지출의 경우 매달 고정적으로 나가는 비용 '고정비'와 생활을 위해 필요한 비용 '생활비'로 구분을 해서 적는다.

3) '고정비' 중에서 사용액을 줄이거나 과감히 포기할 것은 없는지 다시 한번 검토한다.

4) '생활비'는 수입에서 어느 정도 사용하고 있는지 파악한다. 전년도에 매달 생활비를 어느 정도 사용했는지 확인하고 평균값을 구하고 최대한 생활비를 절약한다면 얼마까지 줄일 수 있는지 파악한다. 수입에서 '고정비'와 '목표 저축액'을 제외하면 생활비의 '가용자금'이 얼마인지 파악한다.

가능하다면 위의 사항들을 excel 프로그램을 이용하여 excel 파일로 정리해 두면 계산이 자동으로 되므로 편리하게 업데이트 할 수 있다.

자신의 순자산과 수입 및 지출의 현재 재정 상태를 정확히 파악하였다면 이제 좀 더 구체적으로 돈의 관리하는 방법에 대해 알아보자.

충분한 시간을 들여 자신의 현재 재정 상태를 자세히 분석해 보자.

⟨표 7⟩

⟨수입 및 지출 현황표⟩

수입			
항목	원		비고
A 수입	2,500,000		
B 수입	2,000,000		
…	…		
총수입	4,500,000		

지출			
분류		원	
고정비	아이 학원비용	150,000	
	정수기 렌탈	30,000	
	청약 통장	20,000	
	저축 통장	600,000	
	아파트 관리비	300,000	
	보험료	200,000	
	…	…	
	…	…	
	…	…	
	…	…	
	…	…	
	…	…	
	…	…	
	총계	1,300,000	
생활비	○○카드	1,000,000	
	△△카드	500,000	
	현금	300,000	
	총계	1,800,000	
총 지출액 (고정비+생활비)		3,100,000	
생활비 총 가용 자금 (총수입-고정비-목표저축액)		2,700,000	
현재 가용 자금 (2020.4.15. 기준)		900,000	★ 남은 기간 동안 90만 원 범위 내에서 사용
이번 달 목표 저축액		500,000	★ 다음 달에 알뜰 통장에 저축~

* 특이 사항:

3강 돈

〈Excel 파일로 만들어 두기〉

수입		
항목	원	비고
총수입		

지출			
분류		원	비고
고정비			
	총계		
생활비	○○카드		
	△△카드		
	현금		
	총계		
총 지출액 (고정비+생활비)			
생활비 총 가용 자금 (총수입−고정비 −목표저축액)			
현재 가용 자금 (기준)			
이번 달 목표 저축액			

* 특이 사항:

가능한 일찍부터
수입의 10%를 저축하세요

고정비에 저축하고 있는 금액이 전체 수입의 10%가 넘는가? 만약 자신의 수입이 300만 원이면 30만 원은 저축통장으로 자동으로 계좌이체가 되어 있는가? 물론 10%보다 더 높은 비율로 저축하고 있다면 돈에 대한 관리를 잘하고 있는 것이다.

만약 10%의 저축을 하고 있지 않다면, 지금 바로 저축통장을 만들어 자동이체를 해 두길 바란다. 초등학생의 자녀를 두고 있다면 자녀가 일찍부터 용돈의 10%는 저축하는 습관을 만들어주면 좋다.

자신의 생활비 중에서 10%를 절약하는 것은 어려운 일이 아니다. 생활의 습관을 몇 가지만 바꾸어도 가능하다. 예를 들어, 자가용보다 가급적 대중교통을 이용해도 1달에 기름값이 최소 10만 원 이상은 줄어든다. 매일 사 마시는 커피를 이틀에 한 번으로 줄인다면 몇만 원은 절약된다.

절약하는 생활을 하다 보면, 의식하지 못했던 부분에서 돈이 새나가고 있었음을 깨닫게 된다.

앤 마리 사바스가 쓴 『오직 스스로의 힘으로 백만장자가 된 사람들의 52가지 공통점』에서는 자수성가한 백만장자들은 수입보다 적게 지출하며, 생활하면서 남의 눈을 의식한 허세를 부리지 않고 최종 목표인 경제적인 자유를 염두에 두고 지출한다고 설명한다. 여기에서도 저축과 투자를 위해 소득의 10%는 남겨 두고 수입의 90% 내에서 예산을 세우라고 한다. 랄프 왈도 에머슨의 『스스로 행복한 사람』에서도 "부자란 수입과 지출이 많은 사람이 아니다. 지출이 수입보다 적고, 이런 상태를 꾸준히 유지하는 사람을 말한다"라고 한다.

대부분의 사람이 수입을 갑자기 늘리기는 쉽지 않다. 하지만 현재 생활 습관의 변화를 통해 수입의 10%를 저축하는 것은 조금만 신경 쓴다면 우리 스스로가 쉽게 할 수 있는 일이다. 만약 맞벌이 부부의 수입이 500만 원이라면, 10%인 50만 원을 자동이체 해두고 5년간을 지속하면 이자를 제외하면 최소 3,000만 원의 꽤 큰돈이 모인다.

저축액은 먼 훗날 예상치 못한 위기의 상황에서 '마음의 여유'를 선사할 것이다.

M4
자신의 지출을 제한해 보세요

수입에서 10% 저축액을 만들어 내는 데 성공했다면, 이제 생활비에서 자신의 지출을 제한하여 더 많은 저축액을 늘리는 방법에 대해 알아보자.

대부분 사람들은 자신의 수입에 맞게 생활수준이 맞춰져 있다. 갑자기 생활가용자금을 줄여 생활하기 위해서는 오랫동안 찐 살을 빼기 위해 다이어트를 시작한 사람처럼 많은 불편함을 감수해야 한다. 불필요한 지출을 줄여 예전보다 저축액을 늘리기 위해서는 최소한 3개월의 불편함을 참아내야 한다. 6개월이 되면 그 생활에 어느 정도 적응이 되고 1년이 되면 익숙해진다. 이것은 자신이 바라는 경제적 목표가 있다면 반드시 감내해야 할 몫이다. 그래야 매달 쌓여 늘어난 저축액으로 보상을 받게 된다.

기존에 사용해오던 생활비에서 최소한으로 꼭 필요한 생활비가 어느 정도 수준인지 파악한다. 예를 들어 1달에 시장비용은 60만 원

(15만 원/1주), 외식비는 20만 원(5만 원/1주)으로 정하고, 매주 장을 보러 가서도 15만 원 내에서 의식적으로 소비를 하고, 외식도 주 1회 정도로 제한을 하면 그 범위 내에서 사용할 수 있다.

직장에서도 하루에 사용하는 식사비, 커피 등 생활비를 1만 원을 초과하지 않는다는 등의 작은 원칙들을 세워 둔다. 제한된 지출을 위해 의식적으로 생활하다 보면 3개월 동안은 속이 답답함을 느끼게 되지만 이런 패턴의 생활을 하다 보면 예상외로 3개월 이후 저축액이 늘어나는 것을 눈으로 확인할 수 있다.

처음에는 제한된 범위에서 조금씩 초과되어 지출하기도 하지만 그래도 괜찮다. 계속하다 보면 그 범위 내에서 생활이 맞춰지게 된다. 저축액이 늘어나는 보람뿐만 아니라 불필요한 지출을 줄이고 더욱 가치 있는 곳에 사용할 수 있는 돈이 모이니 기분이 좋아지게 될 것이다.

처음 시작할 때는 수입의 10%만 저축을 했지만 1년이 지나니 수입의 30%까지도 가능해졌다. 단, 자신이 정한 생활비 수준에 맞춰 생활하려는 습관이 만들어져야 저축액이 늘어나게 된다.

생활 속에서 지출을 의식적으로 통제해 보자.

M5
돈을 관리하는
작은 습관들을 만들어 보세요

돈을 잘 관리해 보자고 다짐한 이후 달라진 몇 가지 행동 습관을 소개하고자 한다.

1) 일단 주거래 은행의 '고정비 통장'과 '알뜰 통장'을 만든다.

수입이 들어오면 고정비 통장에는 매달 나가는 고정 비용과 1달 동안 사용한 카드결제액을 합산하여 입금한다. 고정비 통장에서 최소한 수입의 10% 저축액은 자동이체를 해두고, 알뜰 통장은 추가적으로 매달 생활을 알뜰하게 절약해서 모은 돈을 저축한다.

2) 매주 1회 지출한 내역을 기록하고 '가용 자금'을 확인한다.

앞의 〈표 7〉를 이용하여 수입에서 고정비와 목표저축액을 제외하면 생활비로 1달 동안 사용할 수 있는 가용 자금이 나온다. 예를 들어 가족 생활비로 1달에 180만 원(45만 원/1주)을 사용할 수 있는 '가용 자금'이라고 하면, 카드로 사용을 할 경우 카드 어플에서 1주에 얼마를 사용했는지 비용을 확인하고 엑셀 파일에 정리해 둔다. 만약 첫 주에 50만 원을 사용했다면 1주 가용자금 45만 원에서 5만 원을 초과했으므로 다음 주에는 40만 원만 사용하도록 의식적으로 노력한다. 이런 식으로 매주 일요일에 확인 작업을 하게 되면 자신의 지출을 더욱 쉽게 조절할 수 있게 된다. 눈을 감고 막연하게 1달을 가느냐 아니면 눈을 뜨고 매주 확인하며 1달을 가느냐에 따라 자신의 목표 저축액을 달성하기 더욱 쉬워진다.

3) 카드는 본인에게 적합한 것만 1~2개 정도만 남겨 두고 정리한다.
예전에는 카드 5개 정도를 돌아가면서 편한 대로 사용했는데, 현재는 포인트 적립이 잘되는 카드와 주유 혜택이 있는 카드 2개만 사용하고 있다. 이렇게 하면 카드 어플에서 매주 사용 내역을 점검하고 계산하기가 편하고, 포인트 적립이 비교적 잘 되어 현금으로 전환하여 사용할 수 있다.

4) 카드 사용 시 가능한 '일시불'로 지급하는 것을 원칙으로 한다.
가용 자금 범위 내에서 지출하게 되면 일시불로 지불이 가능하다. 알뜰 통장에 어느 정도 여유 자금을 저축해 두면 특정한 달에 일시적으로 큰 지출이 일어나는 경우에도 여유 자금을 가져와서 처리가 가능해진다. 돈 관리를 처음 시작할 때는 알뜰 통장에 여유 자금이 없었기 때문에 목돈이 들어가는 지출의 경우 할부 서비스를 이용했는데, 간혹 할부 수수료가 붙는 경우에는 10%가 넘는 경우도 있다. 이러한 불필요한 지출을 해서는 안 된다.

작은 행동 습관의 변화로 돈을 쉽게 관리해 보자.

M6

가장 먼저 비상금
3,000만 원을 저축해 보세요

 직장에 막 들어간 직장인, 돈을 모으기 시작한 사람들에게 가장 먼저 해주고 싶은 이야기가 있다.

 "비상금 3,000만 원을 가장 먼저 모으길 바랍니다."

 이것은 돈에 대한 공부를 하면서 큰 도움이 되었던 보도 섀퍼의 『돈』에서 강조하는 것인데, 가장 먼저 현금으로 어느 정도 액수를 확보하여 '경제적인 에어백'을 만들고, 그다음에 돈을 모아 투자하는 것이다. 인생을 살면서 집안의 식구가 갑자기 아파서 목돈이 들어가는 경우, 어떤 이유로 직장을 그만두게 되는 경우 등 누구나 한 번쯤 예기치 못한 시련을 경험하게 된다. 즉, 문제가 없었던 고요한 삶에 갑자기 먹구름이 끼게 된다. 여러분은 이럴 때 리스크 관리가 제대로 되어 있는가?

 미국에서 생활할 때 저가항공을 타고 샌프란시스코로 여행을 간적이 있다. 매우 저렴하게 여행 갔다 왔다며 친구에게 자랑을 했는데, 그 친구로부터 고가항공은 비행기 사고가 났을 때 인명 사고를 막기 위해 구축된 비행기 시스템에 큰 차이가 있기 때문에 비행기 티켓 값이 비싸다는 이야기를 들은 적이 있다. 우리 인생도 마찬가지라는 생각이 든다. 과소비하는 사람을 제외하고, 평소에 일반 사람들의 생활비는 비슷한 수준으로 살아갈 수 있다. 그런데 인생의 비상사태를 경험했을 때, 고가 항공사 비행기에서 위기 대응 시스템을 갖추고 있는 것처럼 돈 3,000만 원이라도 비상금을 가진 사람은 심적 상태나 대응 방식부터 차이가 날 것이다.

직장을 잘 다니다가도 건강상의 이유나 다른 이유로 잠시 1년 정도 쉬고 싶을 때가 올 수도 있다. 그럴 때 멈춰 서서 자신에게 멋지게 자유를 선물해주고 싶어도 경제적으로 여유가 없는 경우 매달 들어오는 수입이 없으면 생활이 어렵다. 이러한 이유로 아무 일 없는 사람처럼 선택의 여지없이 직장을 계속 다닐 수밖에 없는 경우가 많다. 이런 상황에서 비상금 3,000만 원이 있다면 우리의 선택은 달라질 수 있다. 직장을 구한 첫 직장인에게 당부한다. 멋진 자동차부터 사지 말고, 몇 년간은 악착같이 비상금 3,000만 원을 모으기 바란다.

이는 위급한 상황에서는 '마음의 안정'을, 직장을 그만둔 상황에서는 '마음의 위로'를 우리에게 그러한 '마음의 여유'를 주게 될 것이다.

M7
젊을 때는 절약하고,
노후 대비를 해 두세요

친분이 두터운 70세가 넘으신 지인 중에 현재 생활을 어렵게 살아가고 있는 분이 있다. 젊을 때는 꽤 잘나가는 직장도 다니셨는데 남편이 사업에 큰 실패를 하고 나서 노후에 근근이 삶을 살아가고 있다.

그분은 젊은 시절 사는 데 전혀 문제가 없었기 때문에, 자신이 이렇게 힘든 노후 생활을 하게 될 줄은 상상도 못 했다며 한탄하였다.

나이가 들어감에 따라 알게 되는 사실은 자신이 무능하거나, 노력이 부족하거나 남에게 죄를 지어서 안 좋은 일이 일어나는 것이 아니라, 가까운 주위 사람들, 주위 여건에 따라 예상치 못한 일이 발생하여 자신의 삶에도 큰 영향을 준다는 것이다.

투자 전문가들이 투자에 대해 이야기할 때 위험을 최소화하기 위해 분산 투자하라는 것처럼, 삶에서도 발생할 수 있는 리스크를 우리가 어떻게 관리할지에 대해 진지하게 고민해 보자.

젊을 때는 예상치 못한 어려움을 겪어도 다시 일어설 수 있는 열정과 체력이 뒷받침되지만, 나이가 많아질수록 어려움을 겪게 되면 정신력이나 신체적인 건강이 마음과 같이 좀처럼 따라주지 않음을 주위에서 보게 된다.

예상치 못한 일이 생길까 봐 두려워할 게 아니라 큰 문제 없이 잘 지낼 때 노후 대비를 하고 가능한 한 일찍부터 수입에서 노후를 위한 자금 준비를 위해 일정 부분은 사용하도록 하자.

노후에 좀 더 우아한 삶을 위해 젊을 때 절약하고 돈을 잘 관리하며 살자.

재능 계발을 위해
돈을 투자하세요

돈에 대한 가치를 제대로 깨닫기 위해 돈에 대해 공부를 시작하고 나서부터는 돈을 어떻게 사용할지에 대한 고민을 전보다 더 많이 하게 된다.

젊은 시절에는 외적 욕구를 충족하기 위해 자신이 좋아하는 물건을 사는 데 돈을 많이 사용한다. 그러나 아이를 키우게 되면 많은 부모가 그렇듯이 아이의 교육비나 아이를 위한 부분에 돈을 상당히 쓰게 돼서 자신을 위한 일에 투자할 여력이 얼마 되지 않는다. 다행히 나의 경우, 나이가 들면서 외적 욕구를 충족하기보다는 내적 성장을 위해 돈을 쓰고 싶은 마음이 간절해진다.

작년에 좋은 기회가 생겨 학생들을 위한 '행복콘서트'를 하게 되었다. 이를 준비하면서 지난 몇 년간 틈틈이 행복한 삶을 위한 습관을 메모해 온 것을 정리하여 『행복한 삶을 위한 12가지 좋은 습관』이라는 캘린더 북으로 출판하게 되었다. 지금보다 행복하게 살기 위한 구체적인 방법들을 가능한 한 많은 이들과 함께하고 싶었다.

이 책을 출판한 이후, 교수라는 호칭보다 작가라고 주위에서 농담으로 불러줄 때 내 자신이 새롭게 변화되고 성장하고 있다는 느낌이 들어 기분이 좋아진다. 작년에 책을 출판한 것이 계기가 되어 올해는 『성공적인 삶을 위한 좋은 습관』을 쓰고 있다. 전문 작가가 아닌 관계로 서툰 글솜씨로 글을 쓰고 있지만 진정한 마음을 담아 정성껏 써 가고 있다.

올해는 글쓰기 강좌를 신청하여 글쓰기 능력을 향상시키려고 한다. 이를 통해 내년에는 독자들에게 더욱 풍부한 어휘력과 수준 높은 전달력을 바탕으로 마음의 소리를 책에 담고 싶다.

자신의 능력을 계발하는 데 돈을 투자한다면 우리는 끊임없이 성장하게 될 것이다.

M9
여행 등의 좋은 경험을 위해 돈을 사용해 보세요

작년에 캐나다로 이민을 가서 살고 있는 친척의 초대로 10년 만에 아이와 해외여행을 떠났다. 직장에서 1~2주의 시간적 여유를 내는 것부터 해외여행을 위한 막대한 경비를 마련하는 것을 생각하면 쉽게 떠날 수 있는 여건이 되지 않는다. 다행히 서로의 불편함을 감수하고 친척집에서 머무는 것으로 해서 숙박비는 절감이 되었고 비행기 값과 여행 경비만 준비해서 떠났다.

우리가 지금 처해 있는 상황들이나 주위 사람들을 뒤로하고 멀리 '여행'을 떠나면, 나 자신이 사회의 틀에서 벗어나 자유로운 세계에 놓이게 되고 결국 진정한 나를 만나게 해준다. 직장이나 가정에서 겪고 있는 스트레스나 당면한 문제들을 약간의 거리를 두고 좀 더 객관적인 상황에서 그 사실을 바라보게 한다.

여행을 떠나기 전까지만 해도 직장에서 짓누르는 스트레스 때문에 더 이상 나아갈 수 없는 상태였다. 자신이 통제하기 어려운 일들, 주위 사람들에 대한 스트레스로 인해 폭발 직전까지 간 상황에서 떠난 여행이었기에 더 효과가 있었는지 모른다.

있는 그대로의 환경에서 자신이 아무리 새롭게 하려고 해도 맘처럼 쉽게 새로워지기 어렵다. 그 이유는 우리가 그만큼 환경의 영향을 많이 받고 무의식중에 여러 가지 일들과 주위 사람들에게 신경을 쓰며 반응하고 있기 때문이다. 1~2주 정도의 멀리 떠나는 여행이라면 자신을 새롭게 만들기에 좋다.

캐나다의 새로운 풍경들, 캐나다의 전통 음식들의 좋은 경험은 그동안 힘겹게 살아온 나 자신을 위로해주었다. 여행은 지금 내가 누리고 있는 삶에 감사함을 다시 한번 느끼게 했고 언제나 스스로 할 수 있는 최선의 노력을 다하며 즐겁게 살아가야겠다고 다짐하며 돌아왔다.

여행을 통한 좋은 경험은 우리의 삶을 매우 풍요롭게 한다.

M10
의미 있는 사람들을 위해
마음을 나눠 보세요

　미국에서 일할 때 주로 더치페이(dutch pay)를 하며 각자 계산을 하는데, 우리나라는 직장 사람들과 식사를 할 때 서로 대접을 하는 경우가 많다.

　돈 관리를 잘하겠다고 다짐하고, 1일 식사 및 커피 값의 한도를 1만 원으로 정하고 생활한 적이 있다. 가끔 상대방에게 식사를 대접하다 보면 1주일 동안 사용할 제한 범위를 쉽게 넘어서게 되는데, 더치페이는 이런 부작용을 막아준다.

　미국에서 동료들이 더치페이를 철저히 할 때 한국인 정서와 다르게 참 개인적이라는 생각을 많이 했었는데, 각자 자신의 식사 값을 지불하기 때문에 정해둔 제한 범위를 넘지 않게 돈을 관리할 수 있었다.

　물론 일주일에 1번 정도 다른 사람들에게 식사나 커피를 대접하는 것은 서로에 대한 마음의 표시로서 의미 있는 친분 관계를 유지하는 데 도움이 된다.

더 나아가 사회적으로 큰 어려움을 겪고 있는 사람들에게 자신의 상황에 맞춰 성의를 표시하는 것은 매우 의미 있는 일이다.

어려움을 겪고 살아가는 사람들에게 우리가 마음의 표시를 조금이라도 하게 되면 그들이 어려움으로 인해 고통받는 상황에서도 주위에서 보내는 작은 관심이 그들에겐 희망의 불씨가 될 거라 믿는다.

우리 사회가 다른 이들이 겪고 있는 아픔이나 어려움에 관심을 갖고 공감하고 각자의 작은 손길로 인해 그들이 조금이나마 도움이 되고 위로가 된다면 우리 사회가 더욱 밝아질 것이다.

좋은 기부 행위는 우리의 마음을 따뜻하고 풍요롭게 만든다.

M11

현재 수입이 적으면
부수입원을 만들어 보세요

앞서 소개한 정해진 수입 내에서 최소한 10% 이상을 저축하고 의식적인 소비를 통해서 제한된 지출을 하는 습관이 만들어지면 30% 이상을 저축할 수 있다. 또, 돈을 어떻게 관리하는지에 대한 이야기를 나눴다.

만약 현재 수입이 적어 저축을 하게 되면 생활이 어렵다거나 더 많은 돈을 벌어 훗날 경제적인 자유를 얻고자 하는 사람이라면 현재 직장에서 벌어들인 수입 외에 부수입원을 만들기 위해 노력해 보자.

자신이 관심이 있는 취미가 있다면 취미 활동을 통해 경제적으로 돈을 벌어들일 수 있는 방법이 있는지 찾아본다.

예를 들어, 글을 쓰는 것을 좋아하는 사람이라면 틈틈이 책을 써서 출판 인세를 벌어들이는 것도 방법이 있다. 또, 책으로 쓴 내용을 대중들에게 '강연'을 하면서 강연료를 받을 수도 있다. 요리, 메이크업

등 취미활동으로 해오던 것을 동영상을 찍어 유튜버로서 활동을 할 수도 있다.

여유 시간을 활용해서 취미 활동에서 일정한 돈을 벌어들이기까지는 충분한 시간을 필요로 한다.

각자의 관심 분야에 따라 부수입원을 만들 수 있는 방법을 찾아보면 좋다. 이런 방법이 아니더라도 직장에서 자신의 실력 향상을 통해 더 높은 직급으로 승진해서 주 수입원을 늘릴 수도 있다.

자신의 수입을 늘리고 싶다면, 끊임없이 고민하고 방법을 찾아보고 실행해 보자.

M12

돈을 소중히 하고 가치 있는 곳에 사용해 보세요

"돈에 대한 습관" 편에서는 인생의 절반 정도를 달려오면서 돈에 대해 깨달은 가치를 담아 보았다.

친한 친구 중에 어렸을 때 경제적으로 매우 어려움을 겪었던 친구가 있는데 그녀는 지금 노후대비 자금까지 모았을 정도로 부자이다. 그 친구는 경제적으로 어려운 상황을 벗어나기 위해 젊을 때 안 해본 일이 없다고 한다.

책으로부터의 가르침이 아닌 '인생의 경험'을 통해 돈에 대한 가치를 깨달은 사람은 돈의 중요성을 정확히 알게 된다.

많은 부모들이 자식들이 돈 걱정 없이 공부만 잘하길 바라며 무조건적으로 경제적 뒷받침을 하고 있다. 여력이 된다면 부모님이 대학 학비를 지원해주는 것은 좋지만, 아이들이 성인이 된 이후에는 아르바이트를 통해서 자신의 매달 생활비라도 직접 벌어 돈의 가치를 터득할 수 있는 경험을 하는 것은 매우 중요하다. 언제 갑자기 부모님의 든든한 버팀목을 잃을지 모르는 상황을 대비하는 것이다. 그제야 뒤늦게 돈에 대한 중요성을 고통스럽게 배우는 것보다 미리 경험을 통해 터득해둔다면 더 좋을 것이다.

가능한 한 일찍 초등학교 때부터 많은 학생들이 인생에서 돈에 대한 가치를 배우는 것이 중요하다. 무엇보다 정당한 노력을 통해서 돈을 벌고, 번 돈을 소중히 하고, 소비할 때 꼭 필요한 것인지 한 번 더 생각하고 지출하고, 가용자금 내에서 지출할 수 있는지 파악하고, 돈을 잘 다루면 인생을 행복하게 살아가는 데 큰 도움이 될 것이다.

돈이 인생의 전부는 아니지만, 돈이 없으면 할 수 없는 것이 더 많아진다. 인생에서 자신이 바라는 가치 있는 일을 해나갈 수 없을 뿐만 아니라 우리가 인생을 살아가는 게 두렵고 고통스럽게 만든다.

돈에 대한 불편한 진실을 깨닫고, 지금부터 돈에 대해 진지하게 생각해 보자.

에필로그

　지금까지 인생학교에서 배운 깨달음과 지혜를 바탕으로 '성공적인 삶을 위한 좋은 습관'을 이 책에 담아 보았다. 여러분이 만들어온 좋은 습관과 함께 이 책에서 소개한 좋은 습관들을 자신의 것으로 만들어 최고의 인생을 만들어가길 소망한다.

　여러분이 인생의 다양한 여행길에서 '자신감'을 갖고, '성공적인 삶'을 위한 '구체적인 행동'을 끊임없이 해 간다면 바라는 꿈을 꼭 이룰 수 있을 것이다.

　'보이지 않는 마음'의 습관 변화가 행동의 변화를 만들고 성공적인 삶을 창조할 것이다. 부디 자신만의 '성공적인 삶'에 자부심을 느끼고 '행복한 인생'을 살아가길 간절히 기원하며 다음 시를 여러분께 선사한다.

〈보이지 않는 마음은 보인다〉

마음은 보이지 않는다

그러나 세상을 살아보니 그 마음은 보인다

사람의 말에서도 보이고,
사람의 눈빛에서도 보이고,
사람의 기운에서도 보이고,
사람의 행적에서도 보인다

이 세상에 좋은 마음을 가진 사람이 많아지도록
'좋은 생각'을 퍼뜨리자

이 세상에 좋은 생각을 하는 사람이 많아지도록
'좋은 교육'을 하자

이 세상에 많은 사람이
좋은 생각을 하고,
좋은 행동을 통해,
좋은 인생을 만들어가도록 하자

그들의 '행복한 삶'으로 인해,
세상이 아름답게 변하도록 하자

참고도서

1. 랄프 왈도 에머슨 지음, 박윤정 옮김, 『스스로 행복한 사람』, 끌레마, 2010
2. 랄프 왈도 에머슨 지음, 전미영 옮김, 『자기 신뢰(Self-reliance)』, 창해, 2015
3. 제임스 알렌 지음, 김윤희, 김현희 옮김, 『나를 바꾸면 모든 것이 변한다』, 이너북, 2015
4. 요시카와 나미 지음, 강성욱 옮김, 『운이 좋아지는 100가지 방법』, 경성라인, 2009
5. 사이토 히토리 지음, 하연수 옮김, 『부자의 운』, 북섬, 2004
6. 마쓰다 미쓰히로 지음, 우지형 옮김, 『청소력』, 나무한그루, 2007
7. 제임스 알렌 지음, 임지현 옮김, 『위대한 생각의 힘』, 문예출판사, 2013
8. 조 바이테일, 이경식 옮김, 『돈을 유혹하라』, 휴먼앤북스, 2005
9. 혼다 켄 지음, 홍찬선 옮김, 『돈과 인생의 비밀』, 더난출판, 2003
10. 멘탈리스트 다이고 지음, 김해용 옮김, 『좋아하는 것을 돈으로 바꾸는 법』, 동양북스, 2017
11. 미하이 칙센트미하이 지음, 이삼출 옮김, 『몰입의 기술』, 더불어책, 2003
12. 나시나카 쓰토무 지음, 최서희 옮김, 『운을 읽는 변호사』, 알투스, 2017
13. 이서진 지음, 『행복한 삶을 위한 12가지 좋은 습관』, 지식과감성, 2019
14. 틱낫한 지음, 진현종 옮김, 『행복』, 경덕출판사, 2009
15. 보도 섀퍼 지음, 이병서 옮김, 『돈』, 북플러스, 2001
16. 앤 마리 사머스 지음, 김미정 옮김, 『오직 스스로의 힘으로 백만장자가 된 사람들의 52가지 공통점』, 스노우폭스북스, 2018

성공적인 삶을 위한 목표

◯
◯
◯

연번	추진목표	세부 실행 계획	추진 시기	소요 비용(원)	달성여부

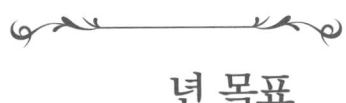

_____년 목표

연번	목표	추진 기한	달성여부

월

중요 업무 ★★

- ◯
- ◯
- ◯
- ◯
- ◯

일반 업무 ★

- ◯
- ◯
- ◯
- ◯
- ◯
- ◯
- ◯
- ◯
- ◯
- ◯
- ◯
- ◯
- ◯

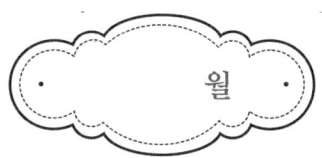

중요 업무 ★★

- [ ]
- [ ]
- [ ]
- [ ]
- [ ]

일반 업무 ★

- [ ]
- [ ]
- [ ]
- [ ]
- [ ]
- [ ]
- [ ]
- [ ]
- [ ]
- [ ]
- [ ]
- [ ]
- [ ]

월

중요 업무 ★★

- ☐
- ☐
- ☐
- ☐
- ☐

일반 업무 ★

- ☐
- ☐
- ☐
- ☐
- ☐
- ☐
- ☐
- ☐
- ☐
- ☐
- ☐
- ☐
- ☐

중요 업무 ★★

- [ ]
- [ ]
- [ ]
- [ ]
- [ ]

일반 업무 ★

- [ ]
- [ ]
- [ ]
- [ ]
- [ ]
- [ ]
- [ ]
- [ ]
- [ ]
- [ ]
- [ ]
- [ ]
- [ ]
- [ ]

중요 업무 ★★

- [ ]
- [ ]
- [ ]
- [ ]
- [ ]

일반 업무 ★

- [ ]
- [ ]
- [ ]
- [ ]
- [ ]
- [ ]
- [ ]
- [ ]
- [ ]
- [ ]
- [ ]
- [ ]
- [ ]

 월

중요 업무 ★★

- [ ]
- [ ]
- [ ]
- [ ]
- [ ]

일반 업무 ★

- [ ]
- [ ]
- [ ]
- [ ]
- [ ]
- [ ]
- [ ]
- [ ]
- [ ]
- [ ]
- [ ]
- [ ]
- [ ]

월

중요 업무 ★★

- ○
- ○
- ○
- ○
- ○

일반 업무 ★

- ○
- ○
- ○
- ○
- ○
- ○
- ○
- ○
- ○
- ○
- ○
- ○
- ○

중요 업무 ★★

- ☐
- ☐
- ☐
- ☐
- ☐

일반 업무 ★

- ☐
- ☐
- ☐
- ☐
- ☐
- ☐
- ☐
- ☐
- ☐
- ☐
- ☐
- ☐
- ☐
- ☐

중요 업무 ★★

- [ ]
- [ ]
- [ ]
- [ ]
- [ ]

일반 업무 ★

- [ ]
- [ ]
- [ ]
- [ ]
- [ ]
- [ ]
- [ ]
- [ ]
- [ ]
- [ ]
- [ ]
- [ ]
- [ ]

중요 업무 ★★

- ◯
- ◯
- ◯
- ◯
- ◯

일반 업무 ★

- ◯
- ◯
- ◯
- ◯
- ◯
- ◯
- ◯
- ◯
- ◯
- ◯
- ◯
- ◯
- ◯

월

중요 업무 ★★

- ◯
- ◯
- ◯
- ◯
- ◯

일반 업무 ★

- ◯
- ◯
- ◯
- ◯
- ◯
- ◯
- ◯
- ◯
- ◯
- ◯
- ◯
- ◯
- ◯

월

중요 업무 ★★

- ◯
- ◯
- ◯
- ◯
- ◯

일반 업무 ★

- ◯
- ◯
- ◯
- ◯
- ◯
- ◯
- ◯
- ◯
- ◯
- ◯
- ◯
- ◯
- ◯

Date (요일)

Today's status: _____

Time	업무		연번	업무	달성여부
8~9					
9~10					
10~11					
11~12					
12~1					
1~2					
2~3					
3~4					
4~5					
5~6					
6~7					
7~8					
8~9					

Memo

Date (　요일)

Today's status: _____

Time	업무		연번	업무	달성여부
8~9					
9~10					
10~11					
11~12					
12~1					
1~2					
2~3					
3~4					
4~5					
5~6					
6~7					
7~8					
8~9					

Memo

Date   (요일)

Today's status: _____

Time	업무
8~9	
9~10	
10~11	
11~12	
12~1	
1~2	
2~3	
3~4	
4~5	
5~6	
6~7	
7~8	
8~9	

연번	업무	달성여부

Memo

Date   (요일)

Today's status: _____

Time	업무	연번	업무	달성여부
8~9				
9~10				
10~11				
11~12				
12~1				
1~2				
2~3				
3~4				
4~5				
5~6				
6~7				
7~8				
8~9				

Memo

Date (요일)   Today's status: _____

Time	업무		연번	업무	달성여부
8~9					
9~10					
10~11					
11~12					
12~1					
1~2					
2~3					
3~4					
4~5					
5~6					
6~7					
7~8					
8~9					

Memo

Date (요일)

Today's status: _____

Time	업무	연번	업무	달성여부
8~9				
9~10				
10~11				
11~12				
12~1				
1~2				
2~3				
3~4				
4~5				
5~6				
6~7				
7~8				
8~9				

Memo

Date (요일)

Today's status: _____

Time	업무	연번	업무	달성여부
8~9				
9~10				
10~11				
11~12				
12~1				
1~2				
2~3				
3~4				
4~5				
5~6				
6~7				
7~8				
8~9				

Memo

Date (요일)

Today's status: _____

Time	업무	연번	업무	달성여부
8~9				
9~10				
10~11				
11~12				
12~1				
1~2				
2~3				
3~4				
4~5				
5~6				
6~7				
7~8				
8~9				

Memo

Date (요일)

Today's status: _____

Time	업무
8~9	
9~10	
10~11	
11~12	
12~1	
1~2	
2~3	
3~4	
4~5	
5~6	
6~7	
7~8	
8~9	

연번	업무	달성여부

Memo

Date (요일)

Today's status: _____

Time	업무	연번	업무	달성여부
8~9				
9~10				
10~11				
11~12				
12~1				
1~2				
2~3				
3~4				
4~5				
5~6				
6~7				
7~8				
8~9				

Memo

Date (요일)

Today's status: _____

Time	업무	연번	업무	달성여부
8~9				
9~10				
10~11				
11~12				
12~1				
1~2				
2~3				
3~4				
4~5				
5~6				
6~7				
7~8				
8~9				

Memo

Date （　요일)

Today's status: _____

Time	업무		연번	업무	달성여부
8~9					
9~10					
10~11					
11~12					
12~1					
1~2					
2~3					
3~4					
4~5					
5~6					
6~7					
7~8					
8~9					

Memo

Date (요일)

Today's status: _____

Time	업무	연번	업무	달성여부
8~9				
9~10				
10~11				
11~12				
12~1				
1~2				
2~3				
3~4				
4~5				
5~6				
6~7				
7~8				
8~9				

Memo

Date　　　　　　（　요일）

Today's status: _____

Time	업무	연번	업무	달성여부
8~9				
9~10				
10~11				
11~12				
12~1				
1~2				
2~3				
3~4				
4~5				
5~6				
6~7				
7~8				
8~9				

Memo

Date　　　　(　요일)

Today's status: _____

Time	업무	연번	업무	달성여부
8~9				
9~10				
10~11				
11~12				
12~1				
1~2				
2~3				
3~4				
4~5				
5~6				
6~7				
7~8				
8~9				

Memo

Date （　요일）

Today's status: _____

Time	업무		연번	업무	달성여부
8~9					
9~10					
10~11					
11~12					
12~1					
1~2					
2~3					
3~4					
4~5					
5~6					
6~7					
7~8					
8~9					

Memo

Date (요일)

Today's status: _____

Time	업무		연번	업무	달성여부
8~9					
9~10					
10~11					
11~12					
12~1					
1~2					
2~3					
3~4					
4~5					
5~6					
6~7					
7~8					
8~9					

Memo

Date (　요일)

Today's status: _____

Time	업무
8~9	
9~10	
10~11	
11~12	
12~1	
1~2	
2~3	
3~4	
4~5	
5~6	
6~7	
7~8	
8~9	

연번	업무	달성여부

Memo

Date (　요일)

Today's status: _____

Time	업무		연번	업무	달성여부
8~9					
9~10					
10~11					
11~12					
12~1					
1~2					
2~3					
3~4					
4~5					
5~6					
6~7					
7~8					
8~9					

Memo

Date   (요일)

Today's status: _____

Time	업무		연번	업무	달성여부
8~9					
9~10					
10~11					
11~12					
12~1					
1~2					
2~3					
3~4					
4~5					
5~6					
6~7					
7~8					
8~9					

Memo

Date (요일)

Today's status: _____

Time	업무		연번	업무	달성여부
8~9					
9~10					
10~11					
11~12					
12~1					
1~2					
2~3					
3~4					
4~5					
5~6					
6~7					
7~8					
8~9					

Memo

Date (요일)

Today's status: _____

Time	업무	연번	업무	달성여부
8~9				
9~10				
10~11				
11~12				
12~1				
1~2				
2~3				
3~4				
4~5				
5~6				
6~7				
7~8				
8~9				

Memo

Date (요일)

Today's status: _____

Time	업무	연번	업무	달성여부
8~9				
9~10				
10~11				
11~12				
12~1				
1~2				
2~3				
3~4				
4~5				
5~6				
6~7				
7~8				
8~9				

Memo

Date　　　　　(　요일)

Today's status: ＿＿＿＿＿

Time	업무		연번	업무	달성여부
8~9					
9~10					
10~11					
11~12					
12~1					
1~2					
2~3					
3~4					
4~5					
5~6					
6~7					
7~8					
8~9					

Memo

Date (요일)　　　Today's status: _____

Time	업무		연번	업무	달성여부
8~9					
9~10					
10~11					
11~12					
12~1					
1~2					
2~3					
3~4					
4~5					
5~6					
6~7					
7~8					
8~9					

Memo

Date (요일)

Today's status: _____

Time	업무	연번	업무	달성여부
8~9				
9~10				
10~11				
11~12				
12~1				
1~2				
2~3				
3~4				
4~5				
5~6				
6~7				
7~8				
8~9				

Memo

Date (요일)

Today's status: _____

Time	업무		연번	업무	달성여부
8~9					
9~10					
10~11					
11~12					
12~1					
1~2					
2~3					
3~4					
4~5					
5~6					
6~7					
7~8					
8~9					

Memo

Date (요일)

Today's status: _____

Time	업무		연번	업무	달성여부
8~9					
9~10					
10~11					
11~12					
12~1					
1~2					
2~3					
3~4					
4~5					
5~6					
6~7					
7~8					
8~9					

Memo

Date (요일)

Today's status: _____

Time	업무		연번	업무	달성여부
8~9					
9~10					
10~11					
11~12					
12~1					
1~2					
2~3					
3~4					
4~5					
5~6					
6~7					
7~8					
8~9					

Memo

Date (요일)

Today's status: _____

Time	업무	연번	업무	달성여부
8~9				
9~10				
10~11				
11~12				
12~1				
1~2				
2~3				
3~4				
4~5				
5~6				
6~7				
7~8				
8~9				

Memo

Date　　　　　(　요일)

Today's status: _____

Time	업무
8~9	
9~10	
10~11	
11~12	
12~1	
1~2	
2~3	
3~4	
4~5	
5~6	
6~7	
7~8	
8~9	

연번	업무	달성여부

Memo

Date (요일)

Today's status: _____

Time	업무	연번	업무	달성여부
8~9				
9~10				
10~11				
11~12				
12~1				
1~2				
2~3				
3~4				
4~5				
5~6				
6~7				
7~8				
8~9				

Memo

Date (　요일)

Today's status: _____

Time	업무
8~9	
9~10	
10~11	
11~12	
12~1	
1~2	
2~3	
3~4	
4~5	
5~6	
6~7	
7~8	
8~9	

연번	업무	달성여부

Memo

Date (요일)

Today's status: _____

Time	업무	연번	업무	달성여부
8~9				
9~10				
10~11				
11~12				
12~1				
1~2				
2~3				
3~4				
4~5				
5~6				
6~7				
7~8				
8~9				

Memo

Date (요일)

Today's status: _____

Time	업무		연번	업무	달성여부
8~9					
9~10					
10~11					
11~12					
12~1					
1~2					
2~3					
3~4					
4~5					
5~6					
6~7					
7~8					
8~9					

Memo

Date (　요일)　　　Today's status: _____

Time	업무		연번	업무	달성여부
8~9					
9~10					
10~11					
11~12					
12~1					
1~2					
2~3					
3~4					
4~5					
5~6					
6~7					
7~8					
8~9					

Memo

Date (요일)

Today's status: _____

Time	업무		연번	업무	달성여부
8~9					
9~10					
10~11					
11~12					
12~1					
1~2					
2~3					
3~4					
4~5					
5~6					
6~7					
7~8					
8~9					

Memo

Date (요일) Today's status: _____

Time	업무	연번	업무	달성여부
8~9				
9~10				
10~11				
11~12				
12~1				
1~2				
2~3				
3~4				
4~5				
5~6				
6~7				
7~8				
8~9				

Memo

Date (요일)

Today's status: _____

Time	업무
8~9	
9~10	
10~11	
11~12	
12~1	
1~2	
2~3	
3~4	
4~5	
5~6	
6~7	
7~8	
8~9	

연번	업무	달성여부

Memo

Date (요일)

Today's status: _____

Time	업무		연번	업무	달성여부
8~9					
9~10					
10~11					
11~12					
12~1					
1~2					
2~3					
3~4					
4~5					
5~6					
6~7					
7~8					
8~9					

Memo

Date (요일)

Today's status: _____

Time	업무		연번	업무	달성여부
8~9					
9~10					
10~11					
11~12					
12~1					
1~2					
2~3					
3~4					
4~5					
5~6					
6~7					
7~8					
8~9					

Memo

Date (요일)

Today's status: _____

Time	업무	연번	업무	달성여부
8~9				
9~10				
10~11				
11~12				
12~1				
1~2				
2~3				
3~4				
4~5				
5~6				
6~7				
7~8				
8~9				

Memo

Date (　요일)

Today's status: _____

Time	업무		연번	업무	달성여부
8~9					
9~10					
10~11					
11~12					
12~1					
1~2					
2~3					
3~4					
4~5					
5~6					
6~7					
7~8					
8~9					

Memo

Date (요일)　　　Today's status: _____

Time	업무	연번	업무	달성여부
8~9				
9~10				
10~11				
11~12				
12~1				
1~2				
2~3				
3~4				
4~5				
5~6				
6~7				
7~8				
8~9				

Memo

Date (요일)

Today's status: _____

Time	업무	연번	업무	달성여부
8~9				
9~10				
10~11				
11~12				
12~1				
1~2				
2~3				
3~4				
4~5				
5~6				
6~7				
7~8				
8~9				

Memo

Date (요일)

Today's status: _____

Time	업무	연번	업무	달성여부
8~9				
9~10				
10~11				
11~12				
12~1				
1~2				
2~3				
3~4				
4~5				
5~6				
6~7				
7~8				
8~9				

Memo

Date　　　　　(　요일　)

Today's status: _____

Time	업무		연번	업무	달성여부
8~9					
9~10					
10~11					
11~12					
12~1					
1~2					
2~3					
3~4					
4~5					
5~6					
6~7					
7~8					
8~9					

Memo

Date   (요일)

Today's status: _____

Time	업무
8~9	
9~10	
10~11	
11~12	
12~1	
1~2	
2~3	
3~4	
4~5	
5~6	
6~7	
7~8	
8~9	

연번	업무	달성여부

Memo .

Date (요일)

Today's status: _____

Time	업무	연번	업무	달성여부
8~9				
9~10				
10~11				
11~12				
12~1				
1~2				
2~3				
3~4				
4~5				
5~6				
6~7				
7~8				
8~9				

Memo

Date (요일)

Today's status: _____

Time	업무
8~9	
9~10	
10~11	
11~12	
12~1	
1~2	
2~3	
3~4	
4~5	
5~6	
6~7	
7~8	
8~9	

연번	업무	달성여부

Memo

Date (요일)

Today's status: _____

Time	업무	연번	업무	달성여부
8~9				
9~10				
10~11				
11~12				
12~1				
1~2				
2~3				
3~4				
4~5				
5~6				
6~7				
7~8				
8~9				

Memo

Date   (요일)

Today's status: _____

Time	업무		연번	업무	달성여부
8~9					
9~10					
10~11					
11~12					
12~1					
1~2					
2~3					
3~4					
4~5					
5~6					
6~7					
7~8					
8~9					

Memo

Date   (요일)

Today's status: _____

Time	업무	연번	업무	달성여부
8~9				
9~10				
10~11				
11~12				
12~1				
1~2				
2~3				
3~4				
4~5				
5~6				
6~7				
7~8				
8~9				

Memo

Date (　요일)　　　　Today's status: _____

Time	업무		연번	업무	달성여부
8~9					
9~10					
10~11					
11~12					
12~1					
1~2					
2~3					
3~4					
4~5					
5~6					
6~7					
7~8					
8~9					

Memo

Date (　요일)

Today's status: _____

Time	업무	연번	업무	달성여부
8~9				
9~10				
10~11				
11~12				
12~1				
1~2				
2~3				
3~4				
4~5				
5~6				
6~7				
7~8				
8~9				

Memo

Date (　요일)　　Today's status: _____

Time	업무		연번	업무	달성여부
8~9					
9~10					
10~11					
11~12					
12~1					
1~2					
2~3					
3~4					
4~5					
5~6					
6~7					
7~8					
8~9					

Memo

Date (　요일)

Today's status: _____

Time	업무		연번	업무	달성여부
8~9					
9~10					
10~11					
11~12					
12~1					
1~2					
2~3					
3~4					
4~5					
5~6					
6~7					
7~8					
8~9					

Memo

Date

(　요일)

Today's status: _____

Time	업무
8~9	
9~10	
10~11	
11~12	
12~1	
1~2	
2~3	
3~4	
4~5	
5~6	
6~7	
7~8	
8~9	

연번	업무	달성여부

Memo

Date (　요일)

Today's status: _____

Time	업무
8~9	
9~10	
10~11	
11~12	
12~1	
1~2	
2~3	
3~4	
4~5	
5~6	
6~7	
7~8	
8~9	

연번	업무	달성여부

Memo

Date   (요일)

Today's status: _____

Time	업무	연번	업무	달성여부
8~9				
9~10				
10~11				
11~12				
12~1				
1~2				
2~3				
3~4				
4~5				
5~6				
6~7				
7~8				
8~9				

Memo

Date (요일)   Today's status: _____

Time	업무		연번	업무	달성여부
8~9					
9~10					
10~11					
11~12					
12~1					
1~2					
2~3					
3~4					
4~5					
5~6					
6~7					
7~8					
8~9					

Memo

Date (요일)

Today's status: _____

Time	업무	연번	업무	달성여부
8~9				
9~10				
10~11				
11~12				
12~1				
1~2				
2~3				
3~4				
4~5				
5~6				
6~7				
7~8				
8~9				

Memo

Date (요일)　　　Today's status: _____

Time	업무	연번	업무	달성여부
8~9				
9~10				
10~11				
11~12				
12~1				
1~2				
2~3				
3~4				
4~5				
5~6				
6~7				
7~8				
8~9				

Memo

Date (요일)

Today's status: _____

Time	업무	연번	업무	달성여부
8~9				
9~10				
10~11				
11~12				
12~1				
1~2				
2~3				
3~4				
4~5				
5~6				
6~7				
7~8				
8~9				

Memo

Date (요일)

Today's status: _____

Time	업무	연번	업무	달성여부
8~9				
9~10				
10~11				
11~12				
12~1				
1~2				
2~3				
3~4				
4~5				
5~6				
6~7				
7~8				
8~9				

Memo

Date (　요일)　　Today's status: _____

Time	업무	연번	업무	달성여부
8~9				
9~10				
10~11				
11~12				
12~1				
1~2				
2~3				
3~4				
4~5				
5~6				
6~7				
7~8				
8~9				

Memo

Date (요일)

Today's status: _____

Time	업무	연번	업무	달성여부
8~9				
9~10				
10~11				
11~12				
12~1				
1~2				
2~3				
3~4				
4~5				
5~6				
6~7				
7~8				
8~9				

Memo

Date (　요일)

Today's status: _____

Time	업무
8~9	
9~10	
10~11	
11~12	
12~1	
1~2	
2~3	
3~4	
4~5	
5~6	
6~7	
7~8	
8~9	

연번	업무	달성여부

Memo

Date (요일)   Today's status: _____

Time	업무		연번	업무	달성여부
8~9					
9~10					
10~11					
11~12					
12~1					
1~2					
2~3					
3~4					
4~5					
5~6					
6~7					
7~8					
8~9					

Memo

Date (요일)

Today's status: _____

Time	업무	연번	업무	달성여부
8~9				
9~10				
10~11				
11~12				
12~1				
1~2				
2~3				
3~4				
4~5				
5~6				
6~7				
7~8				
8~9				

Memo

Date (요일)

Today's status: _____

Time	업무		연번	업무	달성여부
8~9					
9~10					
10~11					
11~12					
12~1					
1~2					
2~3					
3~4					
4~5					
5~6					
6~7					
7~8					
8~9					

Memo

Date   (요일)

Today's status: _____

Time	업무	연번	업무	달성여부
8~9				
9~10				
10~11				
11~12				
12~1				
1~2				
2~3				
3~4				
4~5				
5~6				
6~7				
7~8				
8~9				

Memo

Date （　요일）

Today's status: _____

Time	업무		연번	업무	달성여부
8~9					
9~10					
10~11					
11~12					
12~1					
1~2					
2~3					
3~4					
4~5					
5~6					
6~7					
7~8					
8~9					

Memo

Date　　　　　(　요일)

Today's status: _____

Time	업무	연번	업무	달성여부
8~9				
9~10				
10~11				
11~12				
12~1				
1~2				
2~3				
3~4				
4~5				
5~6				
6~7				
7~8				
8~9				

Memo

Date (요일)

Today's status: _____

Time	업무	연번	업무	달성여부
8~9				
9~10				
10~11				
11~12				
12~1				
1~2				
2~3				
3~4				
4~5				
5~6				
6~7				
7~8				
8~9				

Memo

Date (요일)

Today's status: _____

Time	업무		연번	업무	달성여부
8~9					
9~10					
10~11					
11~12					
12~1					
1~2					
2~3					
3~4					
4~5					
5~6					
6~7					
7~8					
8~9					

Memo

Date (요일)

Today's status: _____

Time	업무	연번	업무	달성여부
8~9				
9~10				
10~11				
11~12				
12~1				
1~2				
2~3				
3~4				
4~5				
5~6				
6~7				
7~8				
8~9				

Memo

Date (요일)

Today's status: _____

Time	업무		연번	업무	달성여부
8~9					
9~10					
10~11					
11~12					
12~1					
1~2					
2~3					
3~4					
4~5					
5~6					
6~7					
7~8					
8~9					

Memo

Date (요일)

Today's status: _____

Time	업무
8~9	
9~10	
10~11	
11~12	
12~1	
1~2	
2~3	
3~4	
4~5	
5~6	
6~7	
7~8	
8~9	

연번	업무	달성여부

Memo

Date （　요일）

Today's status: _____

Time	업무		연번	업무	달성여부
8~9					
9~10					
10~11					
11~12					
12~1					
1~2					
2~3					
3~4					
4~5					
5~6					
6~7					
7~8					
8~9					

Memo

Date (요일)

Today's status: _____

Time	업무	연번	업무	달성여부
8~9				
9~10				
10~11				
11~12				
12~1				
1~2				
2~3				
3~4				
4~5				
5~6				
6~7				
7~8				
8~9				

Memo

Date (요일)

Today's status: _____

Time	업무		연번	업무	달성여부
8~9					
9~10					
10~11					
11~12					
12~1					
1~2					
2~3					
3~4					
4~5					
5~6					
6~7					
7~8					
8~9					

Memo

Date   (요일)

Today's status: _____

Time	업무		연번	업무	달성여부
8~9					
9~10					
10~11					
11~12					
12~1					
1~2					
2~3					
3~4					
4~5					
5~6					
6~7					
7~8					
8~9					

Memo

Date   (요일)

Today's status: _____

Time	업무		연번	업무	달성여부
8~9					
9~10					
10~11					
11~12					
12~1					
1~2					
2~3					
3~4					
4~5					
5~6					
6~7					
7~8					
8~9					

Memo

Date (요일)

Today's status: _____

Time	업무	연번	업무	달성여부
8~9				
9~10				
10~11				
11~12				
12~1				
1~2				
2~3				
3~4				
4~5				
5~6				
6~7				
7~8				
8~9				

Memo

Date (요일)

Today's status: _____

Time	업무		연번	업무	달성여부
8~9					
9~10					
10~11					
11~12					
12~1					
1~2					
2~3					
3~4					
4~5					
5~6					
6~7					
7~8					
8~9					

Memo

Date (요일)

Today's status: _____

Time	업무	연번	업무	달성여부
8~9				
9~10				
10~11				
11~12				
12~1				
1~2				
2~3				
3~4				
4~5				
5~6				
6~7				
7~8				
8~9				

Memo

Date (요일)

Today's status: _____

Time	업무	연번	업무	달성여부
8~9				
9~10				
10~11				
11~12				
12~1				
1~2				
2~3				
3~4				
4~5				
5~6				
6~7				
7~8				
8~9				

Memo

Date （　요일)

Today's status: _____

Time	업무	연번	업무	달성여부
8~9				
9~10				
10~11				
11~12				
12~1				
1~2				
2~3				
3~4				
4~5				
5~6				
6~7				
7~8				
8~9				

Memo

Date (　요일)

Today's status: _____

Time	업무	연번	업무	달성여부
8~9				
9~10				
10~11				
11~12				
12~1				
1~2				
2~3				
3~4				
4~5				
5~6				
6~7				
7~8				
8~9				

Memo

Date (요일)

Today's status: _____

Time	업무		연번	업무	달성여부
8~9					
9~10					
10~11					
11~12					
12~1					
1~2					
2~3					
3~4					
4~5					
5~6					
6~7					
7~8					
8~9					

Memo

Date (요일)

Today's status: _____

Time	업무	연번	업무	달성여부
8~9				
9~10				
10~11				
11~12				
12~1				
1~2				
2~3				
3~4				
4~5				
5~6				
6~7				
7~8				
8~9				

Memo

Date (　요일)　　Today's status: _____

Time	업무		연번	업무	달성여부
8~9					
9~10					
10~11					
11~12					
12~1					
1~2					
2~3					
3~4					
4~5					
5~6					
6~7					
7~8					
8~9					

Memo

Date (　요일)　　　　Today's status: _____

Time	업무		연번	업무	달성여부
8~9					
9~10					
10~11					
11~12					
12~1					
1~2					
2~3					
3~4					
4~5					
5~6					
6~7					
7~8					
8~9					

Memo

Date (요일)

Today's status: _____

Time	업무	연번	업무	달성여부
8~9				
9~10				
10~11				
11~12				
12~1				
1~2				
2~3				
3~4				
4~5				
5~6				
6~7				
7~8				
8~9				

Memo

Date

(요일)

Today's status: _____

Time	업무
8~9	
9~10	
10~11	
11~12	
12~1	
1~2	
2~3	
3~4	
4~5	
5~6	
6~7	
7~8	
8~9	

연번	업무	달성여부

Memo

Date (　요일)

Today's status: _____

Time	업무	연번	업무	달성여부
8~9				
9~10				
10~11				
11~12				
12~1				
1~2				
2~3				
3~4				
4~5				
5~6				
6~7				
7~8				
8~9				

Memo

Date (요일)

Today's status: _____

Time	업무
8~9	
9~10	
10~11	
11~12	
12~1	
1~2	
2~3	
3~4	
4~5	
5~6	
6~7	
7~8	
8~9	

연번	업무	달성여부

Memo

Date (　요일)

Today's status: _____

Time	업무
8~9	
9~10	
10~11	
11~12	
12~1	
1~2	
2~3	
3~4	
4~5	
5~6	
6~7	
7~8	
8~9	

연번	업무	달성여부

Memo

Date (　요일)

Today's status: _____

Time	업무	연번	업무	달성여부
8~9				
9~10				
10~11				
11~12				
12~1				
1~2				
2~3				
3~4				
4~5				
5~6				
6~7				
7~8				
8~9				

Memo

Date (요일)

Today's status: _____

Time	업무
8~9	
9~10	
10~11	
11~12	
12~1	
1~2	
2~3	
3~4	
4~5	
5~6	
6~7	
7~8	
8~9	

연번	업무	달성여부

Memo

Date   (요일)

Today's status: _____

Time	업무	연번	업무	달성여부
8~9				
9~10				
10~11				
11~12				
12~1				
1~2				
2~3				
3~4				
4~5				
5~6				
6~7				
7~8				
8~9				

Memo

Date (요일)

Today's status: _____

Time	업무
8~9	
9~10	
10~11	
11~12	
12~1	
1~2	
2~3	
3~4	
4~5	
5~6	
6~7	
7~8	
8~9	

연번	업무	달성여부

Memo

Date　　　　(요일)

Today's status: _____

Time	업무		연번	업무	달성여부
8~9					
9~10					
10~11					
11~12					
12~1					
1~2					
2~3					
3~4					
4~5					
5~6					
6~7					
7~8					
8~9					

Memo

Date (요일)

Today's status: _____

Time	업무	연번	업무	달성여부
8~9				
9~10				
10~11				
11~12				
12~1				
1~2				
2~3				
3~4				
4~5				
5~6				
6~7				
7~8				
8~9				

Memo

Date　　　　　　　（　요일）

　　　　　　　　　　　　　Today's status: _____

Time	업무	연번	업무	달성여부
8~9				
9~10				
10~11				
11~12				
12~1				
1~2				
2~3				
3~4				
4~5				
5~6				
6~7				
7~8				
8~9				

Memo

Date (　요일)

Today's status: _____

Time	업무		연번	업무	달성여부
8~9					
9~10					
10~11					
11~12					
12~1					
1~2					
2~3					
3~4					
4~5					
5~6					
6~7					
7~8					
8~9					

Memo

Date (요일)

Today's status: _____

Time	업무		연번	업무	달성여부
8~9					
9~10					
10~11					
11~12					
12~1					
1~2					
2~3					
3~4					
4~5					
5~6					
6~7					
7~8					
8~9					

Memo

Date (　요일)

Today's status: _____

Time	업무		연번	업무	달성여부
8~9					
9~10					
10~11					
11~12					
12~1					
1~2					
2~3					
3~4					
4~5					
5~6					
6~7					
7~8					
8~9					

Memo

Date (요일)

Today's status: _____

Time	업무		연번	업무	달성여부
8~9					
9~10					
10~11					
11~12					
12~1					
1~2					
2~3					
3~4					
4~5					
5~6					
6~7					
7~8					
8~9					

Memo

Date (요일)

Today's status: _____

Time	업무		연번	업무	달성여부
8~9					
9~10					
10~11					
11~12					
12~1					
1~2					
2~3					
3~4					
4~5					
5~6					
6~7					
7~8					
8~9					

Memo

Date (　요일)

Today's status: _____

Time	업무		연번	업무	달성여부
8~9					
9~10					
10~11					
11~12					
12~1					
1~2					
2~3					
3~4					
4~5					
5~6					
6~7					
7~8					
8~9					

Memo

Date   (요일)

Today's status: _____

Time	업무		연번	업무	달성여부
8~9					
9~10					
10~11					
11~12					
12~1					
1~2					
2~3					
3~4					
4~5					
5~6					
6~7					
7~8					
8~9					

Memo

Date (요일)

Today's status: _____

Time	업무		연번	업무	달성여부
8~9					
9~10					
10~11					
11~12					
12~1					
1~2					
2~3					
3~4					
4~5					
5~6					
6~7					
7~8					
8~9					

Memo

Date (요일)

Today's status: _____

Time	업무	연번	업무	달성여부
8~9				
9~10				
10~11				
11~12				
12~1				
1~2				
2~3				
3~4				
4~5				
5~6				
6~7				
7~8				
8~9				

Memo

Date (요일)

Today's status: _____

Time	업무	연번	업무	달성여부
8~9				
9~10				
10~11				
11~12				
12~1				
1~2				
2~3				
3~4				
4~5				
5~6				
6~7				
7~8				
8~9				

Memo

Date (　요일)

Today's status: _____

Time	업무
8~9	
9~10	
10~11	
11~12	
12~1	
1~2	
2~3	
3~4	
4~5	
5~6	
6~7	
7~8	
8~9	

연번	업무	달성여부

Memo

Date (요일)　　　Today's status: _____

Time	업무	연번	업무	달성여부
8~9				
9~10				
10~11				
11~12				
12~1				
1~2				
2~3				
3~4				
4~5				
5~6				
6~7				
7~8				
8~9				

Memo

Date　　　　　　　(　요일)

Today's status: _____

Time	업무		연번	업무	달성여부
8~9					
9~10					
10~11					
11~12					
12~1					
1~2					
2~3					
3~4					
4~5					
5~6					
6~7					
7~8					
8~9					

Memo

Date 　　　　　(　요일)

Today's status: _____

Time	업무	연번	업무	달성여부
8~9				
9~10				
10~11				
11~12				
12~1				
1~2				
2~3				
3~4				
4~5				
5~6				
6~7				
7~8				
8~9				

Memo

Date (요일)   Today's status: _____

Time	업무		연번	업무	달성여부
8~9					
9~10					
10~11					
11~12					
12~1					
1~2					
2~3					
3~4					
4~5					
5~6					
6~7					
7~8					
8~9					

Memo

Date (요일)

Today's status: _____

Time	업무
8~9	
9~10	
10~11	
11~12	
12~1	
1~2	
2~3	
3~4	
4~5	
5~6	
6~7	
7~8	
8~9	

연번	업무	달성여부

Memo

Date (요일)

Today's status: _____

Time	업무		연번	업무	달성여부
8~9					
9~10					
10~11					
11~12					
12~1					
1~2					
2~3					
3~4					
4~5					
5~6					
6~7					
7~8					
8~9					

Memo

Date (요일)

Today's status: _____

Time	업무
8~9	
9~10	
10~11	
11~12	
12~1	
1~2	
2~3	
3~4	
4~5	
5~6	
6~7	
7~8	
8~9	

연번	업무	달성여부

Memo

Date （　요일)

Today's status: _____

Time	업무
8~9	
9~10	
10~11	
11~12	
12~1	
1~2	
2~3	
3~4	
4~5	
5~6	
6~7	
7~8	
8~9	

연번	업무	달성여부

Memo

Date (요일)

Today's status: _____

Time	업무	연번	업무	달성여부
8~9				
9~10				
10~11				
11~12				
12~1				
1~2				
2~3				
3~4				
4~5				
5~6				
6~7				
7~8				
8~9				

Memo

Date (요일)   Today's status: _____

Time	업무	연번	업무	달성여부
8~9				
9~10				
10~11				
11~12				
12~1				
1~2				
2~3				
3~4				
4~5				
5~6				
6~7				
7~8				
8~9				

Memo

Date (요일)

Today's status: _____

Time	업무
8~9	
9~10	
10~11	
11~12	
12~1	
1~2	
2~3	
3~4	
4~5	
5~6	
6~7	
7~8	
8~9	

연번	업무	달성여부

Memo

Date (요일)

Today's status: _____

Time	업무	연번	업무	달성여부
8~9				
9~10				
10~11				
11~12				
12~1				
1~2				
2~3				
3~4				
4~5				
5~6				
6~7				
7~8				
8~9				

Memo

Date　　　　　(　요일)

Today's status: _____

Time	업무		연번	업무	달성여부
8~9					
9~10					
10~11					
11~12					
12~1					
1~2					
2~3					
3~4					
4~5					
5~6					
6~7					
7~8					
8~9					

Memo

Date (요일)

Today's status: _____

Time	업무	연번	업무	달성여부
8~9				
9~10				
10~11				
11~12				
12~1				
1~2				
2~3				
3~4				
4~5				
5~6				
6~7				
7~8				
8~9				

Memo

Date (요일)

Today's status: _____

Time	업무	연번	업무	달성여부
8~9				
9~10				
10~11				
11~12				
12~1				
1~2				
2~3				
3~4				
4~5				
5~6				
6~7				
7~8				
8~9				

Memo

Date (요일)

Today's status: _____

Time	업무		연번	업무	달성여부
8~9					
9~10					
10~11					
11~12					
12~1					
1~2					
2~3					
3~4					
4~5					
5~6					
6~7					
7~8					
8~9					

Memo

Date (　요일)

Today's status: _____

Time	업무	연번	업무	달성여부
8~9				
9~10				
10~11				
11~12				
12~1				
1~2				
2~3				
3~4				
4~5				
5~6				
6~7				
7~8				
8~9				

Memo

Date (요일)

Today's status: _____

Time	업무		연번	업무	달성여부
8~9					
9~10					
10~11					
11~12					
12~1					
1~2					
2~3					
3~4					
4~5					
5~6					
6~7					
7~8					
8~9					

Memo

Date (요일)   Today's status: _____

Time	업무		연번	업무	달성여부
8~9					
9~10					
10~11					
11~12					
12~1					
1~2					
2~3					
3~4					
4~5					
5~6					
6~7					
7~8					
8~9					

Memo

Date (요일)

Today's status: _____

Time	업무		연번	업무	달성여부
8~9					
9~10					
10~11					
11~12					
12~1					
1~2					
2~3					
3~4					
4~5					
5~6					
6~7					
7~8					
8~9					

Memo

Date (요일)   Today's status: _____

Time	업무		연번	업무	달성여부
8~9					
9~10					
10~11					
11~12					
12~1					
1~2					
2~3					
3~4					
4~5					
5~6					
6~7					
7~8					
8~9					

Memo

Date (요일)

Today's status: _____

Time	업무		연번	업무	달성여부
8~9					
9~10					
10~11					
11~12					
12~1					
1~2					
2~3					
3~4					
4~5					
5~6					
6~7					
7~8					
8~9					

Memo

Date (요일)

Today's status: _____

Time	업무		연번	업무	달성여부
8~9					
9~10					
10~11					
11~12					
12~1					
1~2					
2~3					
3~4					
4~5					
5~6					
6~7					
7~8					
8~9					

Memo

Date (요일)

Today's status: _____

Time	업무	연번	업무	달성여부
8~9				
9~10				
10~11				
11~12				
12~1				
1~2				
2~3				
3~4				
4~5				
5~6				
6~7				
7~8				
8~9				

Memo

Date （　　요일)

Today's status: _____

Time	업무		연번	업무	달성여부
8~9					
9~10					
10~11					
11~12					
12~1					
1~2					
2~3					
3~4					
4~5					
5~6					
6~7					
7~8					
8~9					

Memo

Date (요일) Today's status: _____

Time	업무		연번	업무	달성여부
8~9					
9~10					
10~11					
11~12					
12~1					
1~2					
2~3					
3~4					
4~5					
5~6					
6~7					
7~8					
8~9					

Memo

Date (요일)

Today's status: _____

Time	업무		연번	업무	달성여부
8~9					
9~10					
10~11					
11~12					
12~1					
1~2					
2~3					
3~4					
4~5					
5~6					
6~7					
7~8					
8~9					

Memo

Date (요일)

Today's status: _____

Time	업무	연번	업무	달성여부
8~9				
9~10				
10~11				
11~12				
12~1				
1~2				
2~3				
3~4				
4~5				
5~6				
6~7				
7~8				
8~9				

Memo

Date (요일)

Today's status: _____

Time	업무	연번	업무	달성여부
8~9				
9~10				
10~11				
11~12				
12~1				
1~2				
2~3				
3~4				
4~5				
5~6				
6~7				
7~8				
8~9				

Memo

Date　　　(　요일)

Today's status: _____

Time	업무	연번	업무	달성여부
8~9				
9~10				
10~11				
11~12				
12~1				
1~2				
2~3				
3~4				
4~5				
5~6				
6~7				
7~8				
8~9				

Memo

Date (　요일)

Today's status: _____

Time	업무	연번	업무	달성여부
8~9				
9~10				
10~11				
11~12				
12~1				
1~2				
2~3				
3~4				
4~5				
5~6				
6~7				
7~8				
8~9				

Memo

Date (요일)

Today's status: _____

Time	업무		연번	업무	달성여부
8~9					
9~10					
10~11					
11~12					
12~1					
1~2					
2~3					
3~4					
4~5					
5~6					
6~7					
7~8					
8~9					

Memo

Date (요일)

Today's status: _____

Time	업무	연번	업무	달성여부
8~9				
9~10				
10~11				
11~12				
12~1				
1~2				
2~3				
3~4				
4~5				
5~6				
6~7				
7~8				
8~9				

Memo

Date (요일)

Today's status: _____

Time	업무
8~9	
9~10	
10~11	
11~12	
12~1	
1~2	
2~3	
3~4	
4~5	
5~6	
6~7	
7~8	
8~9	

연번	업무	달성여부

Memo

Date (　요일)　　　　Today's status: _____

Time	업무		연번	업무	달성여부
8~9					
9~10					
10~11					
11~12					
12~1					
1~2					
2~3					
3~4					
4~5					
5~6					
6~7					
7~8					
8~9					

Memo

Date   (요일)

Today's status: _____

Time	업무	연번	업무	달성여부
8~9				
9~10				
10~11				
11~12				
12~1				
1~2				
2~3				
3~4				
4~5				
5~6				
6~7				
7~8				
8~9				

Memo

Date   (요일)

Today's status: _____

Time	업무		연번	업무	달성여부
8~9					
9~10					
10~11					
11~12					
12~1					
1~2					
2~3					
3~4					
4~5					
5~6					
6~7					
7~8					
8~9					

Memo

Date (요일) Today's status: _____

Time	업무		연번	업무	달성여부
8~9					
9~10					
10~11					
11~12					
12~1					
1~2					
2~3					
3~4					
4~5					
5~6					
6~7					
7~8					
8~9					

Memo

Date （　요일）

Today's status: _____

Time	업무		연번	업무	달성여부
8~9					
9~10					
10~11					
11~12					
12~1					
1~2					
2~3					
3~4					
4~5					
5~6					
6~7					
7~8					
8~9					

Memo

Date (　요일)　　Today's status: _____

Time	업무	연번	업무	달성여부
8~9				
9~10				
10~11				
11~12				
12~1				
1~2				
2~3				
3~4				
4~5				
5~6				
6~7				
7~8				
8~9				

Memo

Date　　　　　　(　요일)

Today's status: _____

Time	업무		연번	업무	달성여부
8~9					
9~10					
10~11					
11~12					
12~1					
1~2					
2~3					
3~4					
4~5					
5~6					
6~7					
7~8					
8~9					

Memo

Date (요일)   Today's status: _____

Time	업무		연번	업무	달성여부
8~9					
9~10					
10~11					
11~12					
12~1					
1~2					
2~3					
3~4					
4~5					
5~6					
6~7					
7~8					
8~9					

Memo

Date (요일)

Today's status: _____

Time	업무		연번	업무	달성여부
8~9					
9~10					
10~11					
11~12					
12~1					
1~2					
2~3					
3~4					
4~5					
5~6					
6~7					
7~8					
8~9					

Memo

Date (요일)

Today's status: _____

Time	업무		연번	업무	달성여부
8~9					
9~10					
10~11					
11~12					
12~1					
1~2					
2~3					
3~4					
4~5					
5~6					
6~7					
7~8					
8~9					

Memo

Date (요일)

Today's status: _____

Time	업무		연번	업무	달성여부
8~9					
9~10					
10~11					
11~12					
12~1					
1~2					
2~3					
3~4					
4~5					
5~6					
6~7					
7~8					
8~9					

Memo

Date (요일)

Today's status: _____

Time	업무		연번	업무	달성여부
8~9					
9~10					
10~11					
11~12					
12~1					
1~2					
2~3					
3~4					
4~5					
5~6					
6~7					
7~8					
8~9					

Memo

Date　　　　　　　(　요일)

Today's status: _____

Time	업무		연번	업무	달성여부
8~9					
9~10					
10~11					
11~12					
12~1					
1~2					
2~3					
3~4					
4~5					
5~6					
6~7					
7~8					
8~9					

Memo

Date (요일)

Today's status: _____

Time	업무		연번	업무	달성여부
8~9					
9~10					
10~11					
11~12					
12~1					
1~2					
2~3					
3~4					
4~5					
5~6					
6~7					
7~8					
8~9					

Memo

Date (요일)

Today's status: _____

Time	업무
8~9	
9~10	
10~11	
11~12	
12~1	
1~2	
2~3	
3~4	
4~5	
5~6	
6~7	
7~8	
8~9	

연번	업무	달성여부

Memo

Date （　요일)　　Today's status: _____

Time	업무	연번	업무	달성여부
8~9				
9~10				
10~11				
11~12				
12~1				
1~2				
2~3				
3~4				
4~5				
5~6				
6~7				
7~8				
8~9				

Memo

Date (요일)　　　　　Today's status: _____

Time	업무	연번	업무	달성여부
8~9				
9~10				
10~11				
11~12				
12~1				
1~2				
2~3				
3~4				
4~5				
5~6				
6~7				
7~8				
8~9				

Memo

Date (　요일)　　　Today's status: _____

Time	업무		연번	업무	달성여부
8~9					
9~10					
10~11					
11~12					
12~1					
1~2					
2~3					
3~4					
4~5					
5~6					
6~7					
7~8					
8~9					

Memo

Date (　요일)

Today's status: _____

Time	업무		연번	업무	달성여부
8~9					
9~10					
10~11					
11~12					
12~1					
1~2					
2~3					
3~4					
4~5					
5~6					
6~7					
7~8					
8~9					

Memo

Date   (요일)

Today's status: _____

Time	업무	연번	업무	달성여부
8~9				
9~10				
10~11				
11~12				
12~1				
1~2				
2~3				
3~4				
4~5				
5~6				
6~7				
7~8				
8~9				

Memo

Date (요일)   Today's status: _____

Time	업무	연번	업무	달성여부
8~9				
9~10				
10~11				
11~12				
12~1				
1~2				
2~3				
3~4				
4~5				
5~6				
6~7				
7~8				
8~9				

Memo

Date (요일)

Today's status: _____

Time	업무		연번	업무	달성여부
8~9					
9~10					
10~11					
11~12					
12~1					
1~2					
2~3					
3~4					
4~5					
5~6					
6~7					
7~8					
8~9					

Memo

Date (요일)

Today's status: _____

Time	업무	연번	업무	달성여부
8~9				
9~10				
10~11				
11~12				
12~1				
1~2				
2~3				
3~4				
4~5				
5~6				
6~7				
7~8				
8~9				

Memo

Date (　요일)　　Today's status: _____

Time	업무
8~9	
9~10	
10~11	
11~12	
12~1	
1~2	
2~3	
3~4	
4~5	
5~6	
6~7	
7~8	
8~9	

연번	업무	달성여부

Memo

Date (　요일)　　Today's status: _____

Time	업무	연번	업무	달성여부
8~9				
9~10				
10~11				
11~12				
12~1				
1~2				
2~3				
3~4				
4~5				
5~6				
6~7				
7~8				
8~9				

Memo

Date (요일)

Today's status: _____

Time	업무		연번	업무	달성여부
8~9					
9~10					
10~11					
11~12					
12~1					
1~2					
2~3					
3~4					
4~5					
5~6					
6~7					
7~8					
8~9					

Memo

Date   (요일)

Today's status: _____

Time	업무		연번	업무	달성여부
8~9					
9~10					
10~11					
11~12					
12~1					
1~2					
2~3					
3~4					
4~5					
5~6					
6~7					
7~8					
8~9					

Memo

Date （　요일）　　　Today's status: _____

Time	업무	연번	업무	달성여부
8~9				
9~10				
10~11				
11~12				
12~1				
1~2				
2~3				
3~4				
4~5				
5~6				
6~7				
7~8				
8~9				

Memo

Date (요일)   Today's status: _____

Time	업무	연번	업무	달성여부
8~9				
9~10				
10~11				
11~12				
12~1				
1~2				
2~3				
3~4				
4~5				
5~6				
6~7				
7~8				
8~9				

Memo

Date （　요일）

Today's status: ＿＿＿＿＿

Time	업무	연번	업무	달성여부
8~9				
9~10				
10~11				
11~12				
12~1				
1~2				
2~3				
3~4				
4~5				
5~6				
6~7				
7~8				
8~9				

Memo

Date (요일)

Today's status: _____

Time	업무	연번	업무	달성여부
8~9				
9~10				
10~11				
11~12				
12~1				
1~2				
2~3				
3~4				
4~5				
5~6				
6~7				
7~8				
8~9				

Memo

Date (요일)

Today's status: _____

Time	업무	연번	업무	달성여부
8~9				
9~10				
10~11				
11~12				
12~1				
1~2				
2~3				
3~4				
4~5				
5~6				
6~7				
7~8				
8~9				

Memo

Date (요일)   Today's status: _____

Time	업무		연번	업무	달성여부
8~9					
9~10					
10~11					
11~12					
12~1					
1~2					
2~3					
3~4					
4~5					
5~6					
6~7					
7~8					
8~9					

Memo

Date　　　　　　　　(　요일)

Today's status: _____

Time	업무		연번	업무	달성여부
8~9					
9~10					
10~11					
11~12					
12~1					
1~2					
2~3					
3~4					
4~5					
5~6					
6~7					
7~8					
8~9					

Memo

Date (요일)

Today's status: _____

Time	업무		연번	업무	달성여부
8~9					
9~10					
10~11					
11~12					
12~1					
1~2					
2~3					
3~4					
4~5					
5~6					
6~7					
7~8					
8~9					

Memo

Date (요일)

Today's status: _____

Time	업무	연번	업무	달성여부
8~9				
9~10				
10~11				
11~12				
12~1				
1~2				
2~3				
3~4				
4~5				
5~6				
6~7				
7~8				
8~9				

Memo

Date (요일)

Today's status: _____

Time	업무		연번	업무	달성여부
8~9					
9~10					
10~11					
11~12					
12~1					
1~2					
2~3					
3~4					
4~5					
5~6					
6~7					
7~8					
8~9					

Memo

Date (요일)

Today's status: _____

Time	업무	연번	업무	달성여부
8~9				
9~10				
10~11				
11~12				
12~1				
1~2				
2~3				
3~4				
4~5				
5~6				
6~7				
7~8				
8~9				

Memo

Date (요일)

Today's status: _____

Time	업무		연번	업무	달성여부
8~9					
9~10					
10~11					
11~12					
12~1					
1~2					
2~3					
3~4					
4~5					
5~6					
6~7					
7~8					
8~9					

Memo

Date (요일)   Today's status: _____

Time	업무		연번	업무	달성여부
8~9					
9~10					
10~11					
11~12					
12~1					
1~2					
2~3					
3~4					
4~5					
5~6					
6~7					
7~8					
8~9					

Memo

Date　　　　　　　　(　요일)

　　　　　　　　　　　　　　　Today's status: _____

Time	업무		연번	업무	달성여부
8~9					
9~10					
10~11					
11~12					
12~1					
1~2					
2~3					
3~4					
4~5					
5~6					
6~7					
7~8					
8~9					

Memo

Date (요일)

Today's status: _____

Time	업무
8~9	
9~10	
10~11	
11~12	
12~1	
1~2	
2~3	
3~4	
4~5	
5~6	
6~7	
7~8	
8~9	

연번	업무	달성여부

Memo

Date (요일)   Today's status: _____

Time	업무
8~9	
9~10	
10~11	
11~12	
12~1	
1~2	
2~3	
3~4	
4~5	
5~6	
6~7	
7~8	
8~9	

연번	업무	달성여부

Memo

Date　　　　　　　(　요일)

Today's status: _____

Time	업무		연번	업무	달성여부
8~9					
9~10					
10~11					
11~12					
12~1					
1~2					
2~3					
3~4					
4~5					
5~6					
6~7					
7~8					
8~9					

Memo

Date (요일)　　　Today's status: _____

Time	업무	연번	업무	달성여부
8~9				
9~10				
10~11				
11~12				
12~1				
1~2				
2~3				
3~4				
4~5				
5~6				
6~7				
7~8				
8~9				

Memo

Date (요일)   Today's status: _____

Time	업무	연번	업무	달성여부
8~9				
9~10				
10~11				
11~12				
12~1				
1~2				
2~3				
3~4				
4~5				
5~6				
6~7				
7~8				
8~9				

Memo

Date (　요일)　　Today's status: _____

Time	업무		연번	업무	달성여부
8~9					
9~10					
10~11					
11~12					
12~1					
1~2					
2~3					
3~4					
4~5					
5~6					
6~7					
7~8					
8~9					

Memo

Date (요일)

Today's status: _____

Time	업무		연번	업무	달성여부
8~9					
9~10					
10~11					
11~12					
12~1					
1~2					
2~3					
3~4					
4~5					
5~6					
6~7					
7~8					
8~9					

Memo

Date (요일)   Today's status: _____

Time	업무		연번	업무	달성여부
8~9					
9~10					
10~11					
11~12					
12~1					
1~2					
2~3					
3~4					
4~5					
5~6					
6~7					
7~8					
8~9					

Memo

Date (요일)

Today's status: _____

Time	업무	연번	업무	달성여부
8~9				
9~10				
10~11				
11~12				
12~1				
1~2				
2~3				
3~4				
4~5				
5~6				
6~7				
7~8				
8~9				

Memo

Date (요일)   Today's status: _____

Time	업무	연번	업무	달성여부
8~9				
9~10				
10~11				
11~12				
12~1				
1~2				
2~3				
3~4				
4~5				
5~6				
6~7				
7~8				
8~9				

Memo

Date   (요일)   Today's status: _____

Time	업무
8~9	
9~10	
10~11	
11~12	
12~1	
1~2	
2~3	
3~4	
4~5	
5~6	
6~7	
7~8	
8~9	

연번	업무	달성여부

Memo

Date (요일)

Today's status: _____

Time	업무		연번	업무	달성여부
8~9					
9~10					
10~11					
11~12					
12~1					
1~2					
2~3					
3~4					
4~5					
5~6					
6~7					
7~8					
8~9					

Memo

Date (요일)

Today's status: _____

Time	업무		연번	업무	달성여부
8~9					
9~10					
10~11					
11~12					
12~1					
1~2					
2~3					
3~4					
4~5					
5~6					
6~7					
7~8					
8~9					

Memo

Date (요일)

Today's status: _____

Time	업무	연번	업무	달성여부
8~9				
9~10				
10~11				
11~12				
12~1				
1~2				
2~3				
3~4				
4~5				
5~6				
6~7				
7~8				
8~9				

Memo

Date (요일)

Today's status: _____

Time	업무
8~9	
9~10	
10~11	
11~12	
12~1	
1~2	
2~3	
3~4	
4~5	
5~6	
6~7	
7~8	
8~9	

연번	업무	달성여부

Memo

Date (요일)

Today's status: _____

Time	업무
8~9	
9~10	
10~11	
11~12	
12~1	
1~2	
2~3	
3~4	
4~5	
5~6	
6~7	
7~8	
8~9	

연번	업무	달성여부

Memo

Date (요일)

Today's status: _____

Time	업무	연번	업무	달성여부
8~9				
9~10				
10~11				
11~12				
12~1				
1~2				
2~3				
3~4				
4~5				
5~6				
6~7				
7~8				
8~9				

Memo

Date （　요일）

Today's status: _____

Time	업무		연번	업무	달성여부
8~9					
9~10					
10~11					
11~12					
12~1					
1~2					
2~3					
3~4					
4~5					
5~6					
6~7					
7~8					
8~9					

Memo

Date (요일)

Today's status: _____

Time	업무		연번	업무	달성여부
8~9					
9~10					
10~11					
11~12					
12~1					
1~2					
2~3					
3~4					
4~5					
5~6					
6~7					
7~8					
8~9					

Memo

Date   (요일)

Today's status: _____

Time	업무
8~9	
9~10	
10~11	
11~12	
12~1	
1~2	
2~3	
3~4	
4~5	
5~6	
6~7	
7~8	
8~9	

연번	업무	달성여부

Memo

Date (요일)

Today's status: _____

Time	업무	연번	업무	달성여부
8~9				
9~10				
10~11				
11~12				
12~1				
1~2				
2~3				
3~4				
4~5				
5~6				
6~7				
7~8				
8~9				

Memo

Date (요일)

Today's status: _____

Time	업무	연번	업무	달성여부
8~9				
9~10				
10~11				
11~12				
12~1				
1~2				
2~3				
3~4				
4~5				
5~6				
6~7				
7~8				
8~9				

Memo

Date (요일)   Today's status: _____

Time	업무	연번	업무	달성여부
8~9				
9~10				
10~11				
11~12				
12~1				
1~2				
2~3				
3~4				
4~5				
5~6				
6~7				
7~8				
8~9				

Memo

Date (요일)   Today's status: _____

Time	업무		연번	업무	달성여부
8~9					
9~10					
10~11					
11~12					
12~1					
1~2					
2~3					
3~4					
4~5					
5~6					
6~7					
7~8					
8~9					

Memo

Date (요일)

Today's status: _____

Time	업무		연번	업무	달성여부
8~9					
9~10					
10~11					
11~12					
12~1					
1~2					
2~3					
3~4					
4~5					
5~6					
6~7					
7~8					
8~9					

Memo

Date (요일)

Today's status: _____

Time	업무	연번	업무	달성여부
8~9				
9~10				
10~11				
11~12				
12~1				
1~2				
2~3				
3~4				
4~5				
5~6				
6~7				
7~8				
8~9				

Memo

Date (　요일)　　　Today's status: _____

Time	업무		연번	업무	달성여부
8~9					
9~10					
10~11					
11~12					
12~1					
1~2					
2~3					
3~4					
4~5					
5~6					
6~7					
7~8					
8~9					

Memo

Date (요일)

Today's status: _____

Time	업무		연번	업무	달성여부
8~9					
9~10					
10~11					
11~12					
12~1					
1~2					
2~3					
3~4					
4~5					
5~6					
6~7					
7~8					
8~9					

Memo

Date (요일)   Today's status: _____

Time	업무
8~9	
9~10	
10~11	
11~12	
12~1	
1~2	
2~3	
3~4	
4~5	
5~6	
6~7	
7~8	
8~9	

연번	업무	달성여부

Memo

Date (요일)

Today's status: _____

Time	업무		연번	업무	달성여부
8~9					
9~10					
10~11					
11~12					
12~1					
1~2					
2~3					
3~4					
4~5					
5~6					
6~7					
7~8					
8~9					

Memo

Date (요일)   Today's status: _____

Time	업무		연번	업무	달성여부
8~9					
9~10					
10~11					
11~12					
12~1					
1~2					
2~3					
3~4					
4~5					
5~6					
6~7					
7~8					
8~9					

Memo

Date (요일)

Today's status: _____

Time	업무		연번	업무	달성여부
8~9					
9~10					
10~11					
11~12					
12~1					
1~2					
2~3					
3~4					
4~5					
5~6					
6~7					
7~8					
8~9					

Memo

Date (　요일)

Today's status: _____

Time	업무
8~9	
9~10	
10~11	
11~12	
12~1	
1~2	
2~3	
3~4	
4~5	
5~6	
6~7	
7~8	
8~9	

연번	업무	달성여부

Memo

Date (요일) 　　　　　　　Today's status: _____

Time	업무		연번	업무	달성여부
8~9					
9~10					
10~11					
11~12					
12~1					
1~2					
2~3					
3~4					
4~5					
5~6					
6~7					
7~8					
8~9					

Memo

Date (요일)

Today's status: _____

Time	업무		연번	업무	달성여부
8~9					
9~10					
10~11					
11~12					
12~1					
1~2					
2~3					
3~4					
4~5					
5~6					
6~7					
7~8					
8~9					

Memo

Date (요일)

Today's status: _____

Time	업무
8~9	
9~10	
10~11	
11~12	
12~1	
1~2	
2~3	
3~4	
4~5	
5~6	
6~7	
7~8	
8~9	

연번	업무	달성여부

Memo

Date (요일)　　　　Today's status: _____

Time	업무	연번	업무	달성여부
8~9				
9~10				
10~11				
11~12				
12~1				
1~2				
2~3				
3~4				
4~5				
5~6				
6~7				
7~8				
8~9				

Memo

Date　　　　(　　요일)

Today's status: _____

Time	업무
8~9	
9~10	
10~11	
11~12	
12~1	
1~2	
2~3	
3~4	
4~5	
5~6	
6~7	
7~8	
8~9	

연번	업무	달성여부

Memo

Date　　　　　　(　요일)　　　Today's status: _____

Time	업무		연번	업무	달성여부
8~9					
9~10					
10~11					
11~12					
12~1					
1~2					
2~3					
3~4					
4~5					
5~6					
6~7					
7~8					
8~9					

Memo

Date　　　　　（　요일）

Today's status: _____

Time	업무	연번	업무	달성여부
8~9				
9~10				
10~11				
11~12				
12~1				
1~2				
2~3				
3~4				
4~5				
5~6				
6~7				
7~8				
8~9				

Memo

Date (요일)   Today's status: _____

Time	업무	연번	업무	달성여부
8~9				
9~10				
10~11				
11~12				
12~1				
1~2				
2~3				
3~4				
4~5				
5~6				
6~7				
7~8				
8~9				

Memo

Date (요일)

Today's status: _____

Time	업무
8~9	
9~10	
10~11	
11~12	
12~1	
1~2	
2~3	
3~4	
4~5	
5~6	
6~7	
7~8	
8~9	

연번	업무	달성여부

Memo

Date (　요일)

Today's status: _____

Time	업무
8~9	
9~10	
10~11	
11~12	
12~1	
1~2	
2~3	
3~4	
4~5	
5~6	
6~7	
7~8	
8~9	

연번	업무	달성여부

Memo

Date (　요일)

Today's status: _____

Time	업무	연번	업무	달성여부
8~9				
9~10				
10~11				
11~12				
12~1				
1~2				
2~3				
3~4				
4~5				
5~6				
6~7				
7~8				
8~9				

Memo

Date (요일)

Today's status: _____

Time	업무		연번	업무	달성여부
8~9					
9~10					
10~11					
11~12					
12~1					
1~2					
2~3					
3~4					
4~5					
5~6					
6~7					
7~8					
8~9					

Memo

Date (요일)   Today's status: _____

Time	업무		연번	업무	달성여부
8~9					
9~10					
10~11					
11~12					
12~1					
1~2					
2~3					
3~4					
4~5					
5~6					
6~7					
7~8					
8~9					

Memo

Date (요일)　　　　Today's status: _____

Time	업무		연번	업무	달성여부
8~9					
9~10					
10~11					
11~12					
12~1					
1~2					
2~3					
3~4					
4~5					
5~6					
6~7					
7~8					
8~9					

Memo

Date (　요일)

Today's status: _____

Time	업무		연번	업무	달성여부
8~9					
9~10					
10~11					
11~12					
12~1					
1~2					
2~3					
3~4					
4~5					
5~6					
6~7					
7~8					
8~9					

Memo

Date (요일) Today's status: _____

Time	업무		연번	업무	달성여부
8~9					
9~10					
10~11					
11~12					
12~1					
1~2					
2~3					
3~4					
4~5					
5~6					
6~7					
7~8					
8~9					

Memo

Date (요일)

Today's status: _____

Time	업무
8~9	
9~10	
10~11	
11~12	
12~1	
1~2	
2~3	
3~4	
4~5	
5~6	
6~7	
7~8	
8~9	

연번	업무	달성여부

Memo

Date (　요일)　　　Today's status: _____

Time	업무	연번	업무	달성여부
8~9				
9~10				
10~11				
11~12				
12~1				
1~2				
2~3				
3~4				
4~5				
5~6				
6~7				
7~8				
8~9				

Memo

Date (　요일)

Today's status: _____

Time	업무	연번	업무	달성여부
8~9				
9~10				
10~11				
11~12				
12~1				
1~2				
2~3				
3~4				
4~5				
5~6				
6~7				
7~8				
8~9				

Memo

Date (요일)

Today's status: _____

Time	업무		연번	업무	달성여부
8~9					
9~10					
10~11					
11~12					
12~1					
1~2					
2~3					
3~4					
4~5					
5~6					
6~7					
7~8					
8~9					

Memo

Date　　　　　(　요일)

Today's status: _____

Time	업무		연번	업무	달성여부
8~9					
9~10					
10~11					
11~12					
12~1					
1~2					
2~3					
3~4					
4~5					
5~6					
6~7					
7~8					
8~9					

Memo

Date (요일)

Today's status: _____

Time	업무	연번	업무	달성여부
8~9				
9~10				
10~11				
11~12				
12~1				
1~2				
2~3				
3~4				
4~5				
5~6				
6~7				
7~8				
8~9				

Memo

Date (요일)

Today's status: _____

Time	업무		연번	업무	달성여부
8~9					
9~10					
10~11					
11~12					
12~1					
1~2					
2~3					
3~4					
4~5					
5~6					
6~7					
7~8					
8~9					

Memo

Date （　요일）

Today's status: _____

Time	업무
8~9	
9~10	
10~11	
11~12	
12~1	
1~2	
2~3	
3~4	
4~5	
5~6	
6~7	
7~8	
8~9	

연번	업무	달성여부

Memo

Date (요일)

Today's status: _____

Time	업무
8~9	
9~10	
10~11	
11~12	
12~1	
1~2	
2~3	
3~4	
4~5	
5~6	
6~7	
7~8	
8~9	

연번	업무	달성여부

Memo

Date (　요일)　　　Today's status: ＿＿＿＿＿

Time	업무	연번	업무	달성여부
8~9				
9~10				
10~11				
11~12				
12~1				
1~2				
2~3				
3~4				
4~5				
5~6				
6~7				
7~8				
8~9				

Memo

Date　　　　　（　요일）

Today's status: _____

Time	업무		연번	업무	달성여부
8~9					
9~10					
10~11					
11~12					
12~1					
1~2					
2~3					
3~4					
4~5					
5~6					
6~7					
7~8					
8~9					

Memo

Date (요일)

Today's status: _____

Time	업무		연번	업무	달성여부
8~9					
9~10					
10~11					
11~12					
12~1					
1~2					
2~3					
3~4					
4~5					
5~6					
6~7					
7~8					
8~9					

Memo

Date (　요일)　　　Today's status: _____

Time	업무	연번	업무	달성여부
8~9				
9~10				
10~11				
11~12				
12~1				
1~2				
2~3				
3~4				
4~5				
5~6				
6~7				
7~8				
8~9				

Memo

Date (요일)　　　Today's status: _____

Time	업무	연번	업무	달성여부
8~9				
9~10				
10~11				
11~12				
12~1				
1~2				
2~3				
3~4				
4~5				
5~6				
6~7				
7~8				
8~9				

Memo

Date (요일)　　　Today's status: _____

Time	업무		연번	업무	달성여부
8~9					
9~10					
10~11					
11~12					
12~1					
1~2					
2~3					
3~4					
4~5					
5~6					
6~7					
7~8					
8~9					

Memo

Date (요일)

Today's status: _____

Time	업무	연번	업무	달성여부
8~9				
9~10				
10~11				
11~12				
12~1				
1~2				
2~3				
3~4				
4~5				
5~6				
6~7				
7~8				
8~9				

Memo

Date (요일)

Today's status: _____

Time	업무		연번	업무	달성여부
8~9					
9~10					
10~11					
11~12					
12~1					
1~2					
2~3					
3~4					
4~5					
5~6					
6~7					
7~8					
8~9					

Memo

Date (　요일)　　Today's status: _____

Time	업무
8~9	
9~10	
10~11	
11~12	
12~1	
1~2	
2~3	
3~4	
4~5	
5~6	
6~7	
7~8	
8~9	

연번	업무	달성여부

Memo

Date　　　　　　(　요일)　　　Today's status: _____

Time	업무		연번	업무	달성여부
8~9					
9~10					
10~11					
11~12					
12~1					
1~2					
2~3					
3~4					
4~5					
5~6					
6~7					
7~8					
8~9					

Memo

Date (요일)

Today's status: _____

Time	업무		연번	업무	달성여부
8~9					
9~10					
10~11					
11~12					
12~1					
1~2					
2~3					
3~4					
4~5					
5~6					
6~7					
7~8					
8~9					

Memo

Date　　　　　　(　　요일)

Today's status: _____

Time	업무		연번	업무	달성여부
8~9					
9~10					
10~11					
11~12					
12~1					
1~2					
2~3					
3~4					
4~5					
5~6					
6~7					
7~8					
8~9					

Memo

Date (　요일)

Today's status: _____

Time	업무
8~9	
9~10	
10~11	
11~12	
12~1	
1~2	
2~3	
3~4	
4~5	
5~6	
6~7	
7~8	
8~9	

연번	업무	달성여부

Memo

Date (요일)

Today's status: _____

Time	업무		연번	업무	달성여부
8~9					
9~10					
10~11					
11~12					
12~1					
1~2					
2~3					
3~4					
4~5					
5~6					
6~7					
7~8					
8~9					

Memo

Date　　　　　　（　요일)

Today's status: _____

Time	업무	연번	업무	달성여부
8~9				
9~10				
10~11				
11~12				
12~1				
1~2				
2~3				
3~4				
4~5				
5~6				
6~7				
7~8				
8~9				

Memo

Date (요일)

Today's status: _____

Time	업무		연번	업무	달성여부
8~9					
9~10					
10~11					
11~12					
12~1					
1~2					
2~3					
3~4					
4~5					
5~6					
6~7					
7~8					
8~9					

Memo

Date   (요일)

Today's status: _____

Time	업무	연번	업무	달성여부
8~9				
9~10				
10~11				
11~12				
12~1				
1~2				
2~3				
3~4				
4~5				
5~6				
6~7				
7~8				
8~9				

Memo

Date (　요일)

Today's status: _____

Time	업무		연번	업무	달성여부
8~9					
9~10					
10~11					
11~12					
12~1					
1~2					
2~3					
3~4					
4~5					
5~6					
6~7					
7~8					
8~9					

Memo

Date   (요일)

Today's status: _____

Time	업무	연번	업무	달성여부
8~9				
9~10				
10~11				
11~12				
12~1				
1~2				
2~3				
3~4				
4~5				
5~6				
6~7				
7~8				
8~9				

Memo

Date (요일)

Today's status: _____

Time	업무		연번	업무	달성여부
8~9					
9~10					
10~11					
11~12					
12~1					
1~2					
2~3					
3~4					
4~5					
5~6					
6~7					
7~8					
8~9					

Memo

Date (요일) Today's status: _____

Time	업무	연번	업무	달성여부
8~9				
9~10				
10~11				
11~12				
12~1				
1~2				
2~3				
3~4				
4~5				
5~6				
6~7				
7~8				
8~9				

Memo

Date (요일)　　Today's status: _____

Time	업무		연번	업무	달성여부
8~9					
9~10					
10~11					
11~12					
12~1					
1~2					
2~3					
3~4					
4~5					
5~6					
6~7					
7~8					
8~9					

Memo

Date (요일)

Today's status: _____

Time	업무		연번	업무	달성여부
8~9					
9~10					
10~11					
11~12					
12~1					
1~2					
2~3					
3~4					
4~5					
5~6					
6~7					
7~8					
8~9					

Memo

Date (　요일)

Today's status: _____

Time	업무		연번	업무	달성여부
8~9					
9~10					
10~11					
11~12					
12~1					
1~2					
2~3					
3~4					
4~5					
5~6					
6~7					
7~8					
8~9					

Memo

Date (　요일)　　　Today's status: _____

Time	업무		연번	업무	달성여부
8~9					
9~10					
10~11					
11~12					
12~1					
1~2					
2~3					
3~4					
4~5					
5~6					
6~7					
7~8					
8~9					

Memo

Date (요일)　　Today's status: _____

Time	업무		연번	업무	달성여부
8~9					
9~10					
10~11					
11~12					
12~1					
1~2					
2~3					
3~4					
4~5					
5~6					
6~7					
7~8					
8~9					

Memo

Date (요일)   Today's status: _____

Time	업무	연번	업무	달성여부
8~9				
9~10				
10~11				
11~12				
12~1				
1~2				
2~3				
3~4				
4~5				
5~6				
6~7				
7~8				
8~9				

Memo

Date (요일)

Today's status: _____

Time	업무		연번	업무	달성여부
8~9					
9~10					
10~11					
11~12					
12~1					
1~2					
2~3					
3~4					
4~5					
5~6					
6~7					
7~8					
8~9					

Memo

Date (요일)

Today's status: _____

Time	업무	연번	업무	달성여부
8~9				
9~10				
10~11				
11~12				
12~1				
1~2				
2~3				
3~4				
4~5				
5~6				
6~7				
7~8				
8~9				

Memo

Date　　　　（　요일）

Today's status: _____

Time	업무	연번	업무	달성여부
8~9				
9~10				
10~11				
11~12				
12~1				
1~2				
2~3				
3~4				
4~5				
5~6				
6~7				
7~8				
8~9				

Memo

Date （　요일）

Today's status: _____

Time	업무		연번	업무	달성여부
8~9					
9~10					
10~11					
11~12					
12~1					
1~2					
2~3					
3~4					
4~5					
5~6					
6~7					
7~8					
8~9					

Memo

Date (요일)   Today's status: _____

Time	업무
8~9	
9~10	
10~11	
11~12	
12~1	
1~2	
2~3	
3~4	
4~5	
5~6	
6~7	
7~8	
8~9	

연번	업무	달성여부

Memo

Date (요일)

Today's status: _____

Time	업무		연번	업무	달성여부
8~9					
9~10					
10~11					
11~12					
12~1					
1~2					
2~3					
3~4					
4~5					
5~6					
6~7					
7~8					
8~9					

Memo

Date （　요일）

Today's status: _____

Time	업무
8~9	
9~10	
10~11	
11~12	
12~1	
1~2	
2~3	
3~4	
4~5	
5~6	
6~7	
7~8	
8~9	

연번	업무	달성여부

Memo

Date (요일)   Today's status: _____

Time	업무	연번	업무	달성여부
8~9				
9~10				
10~11				
11~12				
12~1				
1~2				
2~3				
3~4				
4~5				
5~6				
6~7				
7~8				
8~9				

Memo

Date (요일)

Today's status: _____

Time	업무
8~9	
9~10	
10~11	
11~12	
12~1	
1~2	
2~3	
3~4	
4~5	
5~6	
6~7	
7~8	
8~9	

연번	업무	달성여부

Memo

Date (요일)

Today's status: _____

Time	업무	연번	업무	달성여부
8~9				
9~10				
10~11				
11~12				
12~1				
1~2				
2~3				
3~4				
4~5				
5~6				
6~7				
7~8				
8~9				

Memo

Date (요일)

Today's status: _____

Time	업무		연번	업무	달성여부
8~9					
9~10					
10~11					
11~12					
12~1					
1~2					
2~3					
3~4					
4~5					
5~6					
6~7					
7~8					
8~9					

Memo

Date (요일)   Today's status: _____

Time	업무	연번	업무	달성여부
8~9				
9~10				
10~11				
11~12				
12~1				
1~2				
2~3				
3~4				
4~5				
5~6				
6~7				
7~8				
8~9				

Memo

Date (　요일)

Today's status: _____

Time	업무
8~9	
9~10	
10~11	
11~12	
12~1	
1~2	
2~3	
3~4	
4~5	
5~6	
6~7	
7~8	
8~9	

연번	업무	달성여부

Memo

Date

(　　요일)

Today's status: _____

Time	업무	연번	업무	달성여부
8~9				
9~10				
10~11				
11~12				
12~1				
1~2				
2~3				
3~4				
4~5				
5~6				
6~7				
7~8				
8~9				

Memo

Date   (요일)

Today's status: _____

Time	업무
8~9	
9~10	
10~11	
11~12	
12~1	
1~2	
2~3	
3~4	
4~5	
5~6	
6~7	
7~8	
8~9	

연번	업무	달성여부

Memo

Date (　요일)

Today's status: _____

Time	업무	연번	업무	달성여부
8~9				
9~10				
10~11				
11~12				
12~1				
1~2				
2~3				
3~4				
4~5				
5~6				
6~7				
7~8				
8~9				

Memo

Date （　요일)　　　Today's status: _____

Time	업무		연번	업무	달성여부
8~9					
9~10					
10~11					
11~12					
12~1					
1~2					
2~3					
3~4					
4~5					
5~6					
6~7					
7~8					
8~9					

Memo

Date (요일)

Today's status: _____

Time	업무	연번	업무	달성여부
8~9				
9~10				
10~11				
11~12				
12~1				
1~2				
2~3				
3~4				
4~5				
5~6				
6~7				
7~8				
8~9				

Memo

Date (요일)　　　Today's status: _____

Time	업무	연번	업무	달성여부
8~9				
9~10				
10~11				
11~12				
12~1				
1~2				
2~3				
3~4				
4~5				
5~6				
6~7				
7~8				
8~9				

Memo

Date (요일)

Today's status: _____

Time	업무		연번	업무	달성여부
8~9					
9~10					
10~11					
11~12					
12~1					
1~2					
2~3					
3~4					
4~5					
5~6					
6~7					
7~8					
8~9					

Memo

Date (요일)

Today's status: _____

Time	업무		연번	업무	달성여부
8~9					
9~10					
10~11					
11~12					
12~1					
1~2					
2~3					
3~4					
4~5					
5~6					
6~7					
7~8					
8~9					

Memo

Date (　요일)　　Today's status: _____

Time	업무	연번	업무	달성여부
8~9				
9~10				
10~11				
11~12				
12~1				
1~2				
2~3				
3~4				
4~5				
5~6				
6~7				
7~8				
8~9				

Memo

Date (요일)

Today's status: _____

Time	업무		연번	업무	달성여부
8~9					
9~10					
10~11					
11~12					
12~1					
1~2					
2~3					
3~4					
4~5					
5~6					
6~7					
7~8					
8~9					

Memo

Date (요일)　　　　Today's status: _____

Time	업무		연번	업무	달성여부
8~9					
9~10					
10~11					
11~12					
12~1					
1~2					
2~3					
3~4					
4~5					
5~6					
6~7					
7~8					
8~9					

Memo

Date (요일)

Today's status: _____

Time	업무		연번	업무	달성여부
8~9					
9~10					
10~11					
11~12					
12~1					
1~2					
2~3					
3~4					
4~5					
5~6					
6~7					
7~8					
8~9					

Memo

Date _____ (　요일)

Today's status: _____

Time	업무		연번	업무	달성여부
8~9					
9~10					
10~11					
11~12					
12~1					
1~2					
2~3					
3~4					
4~5					
5~6					
6~7					
7~8					
8~9					

Memo

Date (요일)

Today's status: _____

Time	업무	연번	업무	달성여부
8~9				
9~10				
10~11				
11~12				
12~1				
1~2				
2~3				
3~4				
4~5				
5~6				
6~7				
7~8				
8~9				

Memo

Date (　요일)

Today's status: _____

Time	업무	연번	업무	달성여부
8~9				
9~10				
10~11				
11~12				
12~1				
1~2				
2~3				
3~4				
4~5				
5~6				
6~7				
7~8				
8~9				

Memo

Date (요일)

Today's status: _____

Time	업무
8~9	
9~10	
10~11	
11~12	
12~1	
1~2	
2~3	
3~4	
4~5	
5~6	
6~7	
7~8	
8~9	

연번	업무	달성여부

Memo

Date (요일)

Today's status: _____

Time	업무		연번	업무	달성여부
8~9					
9~10					
10~11					
11~12					
12~1					
1~2					
2~3					
3~4					
4~5					
5~6					
6~7					
7~8					
8~9					

Memo

Date (요일)

Today's status: _____

Time	업무	연번	업무	달성여부
8~9				
9~10				
10~11				
11~12				
12~1				
1~2				
2~3				
3~4				
4~5				
5~6				
6~7				
7~8				
8~9				

Memo

Date (요일)

Today's status: _____

Time	업무		연번	업무	달성여부
8~9					
9~10					
10~11					
11~12					
12~1					
1~2					
2~3					
3~4					
4~5					
5~6					
6~7					
7~8					
8~9					

Memo

Date (요일)   Today's status: _____

Time	업무		연번	업무	달성여부
8~9					
9~10					
10~11					
11~12					
12~1					
1~2					
2~3					
3~4					
4~5					
5~6					
6~7					
7~8					
8~9					

Memo

Date (요일)　　Today's status: _____

Time	업무		연번	업무	달성여부
8~9					
9~10					
10~11					
11~12					
12~1					
1~2					
2~3					
3~4					
4~5					
5~6					
6~7					
7~8					
8~9					

Memo

Date （　요일）

Today's status: _____

Time	업무
8~9	
9~10	
10~11	
11~12	
12~1	
1~2	
2~3	
3~4	
4~5	
5~6	
6~7	
7~8	
8~9	

연번	업무	달성여부

Memo

Date （　요일）

Today's status: _____

Time	업무		연번	업무	달성여부
8~9					
9~10					
10~11					
11~12					
12~1					
1~2					
2~3					
3~4					
4~5					
5~6					
6~7					
7~8					
8~9					

Memo

Date (　요일)

Today's status: _____

Time	업무		연번	업무	달성여부
8~9					
9~10					
10~11					
11~12					
12~1					
1~2					
2~3					
3~4					
4~5					
5~6					
6~7					
7~8					
8~9					

Memo

Date (요일)   Today's status: _____

Time	업무		연번	업무	달성여부
8~9					
9~10					
10~11					
11~12					
12~1					
1~2					
2~3					
3~4					
4~5					
5~6					
6~7					
7~8					
8~9					

Memo

Date (요일)

Today's status: _____

Time	업무		연번	업무	달성여부
8~9					
9~10					
10~11					
11~12					
12~1					
1~2					
2~3					
3~4					
4~5					
5~6					
6~7					
7~8					
8~9					

Memo

Date (요일)　　　Today's status: _____

Time	업무		연번	업무	달성여부
8~9					
9~10					
10~11					
11~12					
12~1					
1~2					
2~3					
3~4					
4~5					
5~6					
6~7					
7~8					
8~9					

Memo

Date (요일)

Today's status: _____

Time	업무	연번	업무	달성여부
8~9				
9~10				
10~11				
11~12				
12~1				
1~2				
2~3				
3~4				
4~5				
5~6				
6~7				
7~8				
8~9				

Memo

Date   (요일)

Today's status: _____

Time	업무	연번	업무	달성여부
8~9				
9~10				
10~11				
11~12				
12~1				
1~2				
2~3				
3~4				
4~5				
5~6				
6~7				
7~8				
8~9				

Memo

Date   (요일)

Today's status: _____

Time	업무		연번	업무	달성여부
8~9					
9~10					
10~11					
11~12					
12~1					
1~2					
2~3					
3~4					
4~5					
5~6					
6~7					
7~8					
8~9					

Memo

Date (요일)   Today's status: _____

Time	업무		연번	업무	달성여부
8~9					
9~10					
10~11					
11~12					
12~1					
1~2					
2~3					
3~4					
4~5					
5~6					
6~7					
7~8					
8~9					

Memo

Date (요일)

Today's status: _____

Time	업무
8~9	
9~10	
10~11	
11~12	
12~1	
1~2	
2~3	
3~4	
4~5	
5~6	
6~7	
7~8	
8~9	

연번	업무	달성여부

Memo

Date (요일)   Today's status: _____

Time	업무		연번	업무	달성여부
8~9					
9~10					
10~11					
11~12					
12~1					
1~2					
2~3					
3~4					
4~5					
5~6					
6~7					
7~8					
8~9					

Memo

Date   (요일)

Today's status: _____

Time	업무		연번	업무	달성여부
8~9					
9~10					
10~11					
11~12					
12~1					
1~2					
2~3					
3~4					
4~5					
5~6					
6~7					
7~8					
8~9					

Memo

Date (　요일)

Today's status: _____

Time	업무
8~9	
9~10	
10~11	
11~12	
12~1	
1~2	
2~3	
3~4	
4~5	
5~6	
6~7	
7~8	
8~9	

연번	업무	달성여부

Memo

Date （　요일)　　Today's status: _____

Time	업무		연번	업무	달성여부
8~9					
9~10					
10~11					
11~12					
12~1					
1~2					
2~3					
3~4					
4~5					
5~6					
6~7					
7~8					
8~9					

Memo

Date (　요일)

Today's status: ＿＿＿＿＿＿

Time	업무		연번	업무	달성여부
8~9					
9~10					
10~11					
11~12					
12~1					
1~2					
2~3					
3~4					
4~5					
5~6					
6~7					
7~8					
8~9					

Memo

Date (　요일)

Today's status: _____

Time	업무		연번	업무	달성여부
8~9					
9~10					
10~11					
11~12					
12~1					
1~2					
2~3					
3~4					
4~5					
5~6					
6~7					
7~8					
8~9					

Memo

Date (요일)

Today's status: _____

Time	업무		연번	업무	달성여부
8~9					
9~10					
10~11					
11~12					
12~1					
1~2					
2~3					
3~4					
4~5					
5~6					
6~7					
7~8					
8~9					

Memo

Date   (요일)

Today's status: _____

Time	업무
8~9	
9~10	
10~11	
11~12	
12~1	
1~2	
2~3	
3~4	
4~5	
5~6	
6~7	
7~8	
8~9	

연번	업무	달성여부

Memo

Date (　요일)

Today's status: _____

Time	업무	연번	업무	달성여부
8~9				
9~10				
10~11				
11~12				
12~1				
1~2				
2~3				
3~4				
4~5				
5~6				
6~7				
7~8				
8~9				

Memo

Date （　요일）

Today's status: _____

Time	업무	연번	업무	달성여부
8~9				
9~10				
10~11				
11~12				
12~1				
1~2				
2~3				
3~4				
4~5				
5~6				
6~7				
7~8				
8~9				

Memo

Date (요일)   Today's status: _____

Time	업무		연번	업무	달성여부
8~9					
9~10					
10~11					
11~12					
12~1					
1~2					
2~3					
3~4					
4~5					
5~6					
6~7					
7~8					
8~9					

Memo

Date (요일)

Today's status: _____

Time	업무		연번	업무	달성여부
8~9					
9~10					
10~11					
11~12					
12~1					
1~2					
2~3					
3~4					
4~5					
5~6					
6~7					
7~8					
8~9					

Memo

Date (요일)

Today's status: _____

Time	업무		연번	업무	달성여부
8~9					
9~10					
10~11					
11~12					
12~1					
1~2					
2~3					
3~4					
4~5					
5~6					
6~7					
7~8					
8~9					

Memo

Date (요일)　　　Today's status: _____

Time	업무	연번	업무	달성여부
8~9				
9~10				
10~11				
11~12				
12~1				
1~2				
2~3				
3~4				
4~5				
5~6				
6~7				
7~8				
8~9				

Memo

Date (요일)

Today's status: _____

Time	업무		연번	업무	달성여부
8~9					
9~10					
10~11					
11~12					
12~1					
1~2					
2~3					
3~4					
4~5					
5~6					
6~7					
7~8					
8~9					

Memo

Date (요일)   Today's status: _____

Time	업무
8~9	
9~10	
10~11	
11~12	
12~1	
1~2	
2~3	
3~4	
4~5	
5~6	
6~7	
7~8	
8~9	

연번	업무	달성여부

Memo

Date (요일)

Today's status: _____

Time	업무	연번	업무	달성여부
8~9				
9~10				
10~11				
11~12				
12~1				
1~2				
2~3				
3~4				
4~5				
5~6				
6~7				
7~8				
8~9				

Memo

Date (요일)

Today's status: _____

Time	업무
8~9	
9~10	
10~11	
11~12	
12~1	
1~2	
2~3	
3~4	
4~5	
5~6	
6~7	
7~8	
8~9	

연번	업무	달성여부

Memo

Date (　요일)　　Today's status: _____

Time	업무	연번	업무	달성여부
8~9				
9~10				
10~11				
11~12				
12~1				
1~2				
2~3				
3~4				
4~5				
5~6				
6~7				
7~8				
8~9				

Memo

Date (요일)   Today's status: _____

Time	업무		연번	업무	달성여부
8~9					
9~10					
10~11					
11~12					
12~1					
1~2					
2~3					
3~4					
4~5					
5~6					
6~7					
7~8					
8~9					

Memo

Date (요일)   Today's status: _____

Time	업무		연번	업무	달성여부
8~9					
9~10					
10~11					
11~12					
12~1					
1~2					
2~3					
3~4					
4~5					
5~6					
6~7					
7~8					
8~9					

Memo

Date (　요일)

Today's status: _____

Time	업무		연번	업무	달성여부
8~9					
9~10					
10~11					
11~12					
12~1					
1~2					
2~3					
3~4					
4~5					
5~6					
6~7					
7~8					
8~9					

Memo

Date (요일)   Today's status: _____

Time	업무		연번	업무	달성여부
8~9					
9~10					
10~11					
11~12					
12~1					
1~2					
2~3					
3~4					
4~5					
5~6					
6~7					
7~8					
8~9					

Memo

Date (요일)

Today's status: _____

Time	업무	연번	업무	달성여부
8~9				
9~10				
10~11				
11~12				
12~1				
1~2				
2~3				
3~4				
4~5				
5~6				
6~7				
7~8				
8~9				

Memo

Date (요일)　　　Today's status: _____

Time	업무	연번	업무	달성여부
8~9				
9~10				
10~11				
11~12				
12~1				
1~2				
2~3				
3~4				
4~5				
5~6				
6~7				
7~8				
8~9				

Memo

Date (요일)

Today's status: _____

Time	업무	연번	업무	달성여부
8~9				
9~10				
10~11				
11~12				
12~1				
1~2				
2~3				
3~4				
4~5				
5~6				
6~7				
7~8				
8~9				

Memo

Date　　　　　　　(　요일)

Today's status: _____

Time	업무		연번	업무	달성여부
8~9					
9~10					
10~11					
11~12					
12~1					
1~2					
2~3					
3~4					
4~5					
5~6					
6~7					
7~8					
8~9					

Memo

Date (요일)

Today's status: _____

Time	업무
8~9	
9~10	
10~11	
11~12	
12~1	
1~2	
2~3	
3~4	
4~5	
5~6	
6~7	
7~8	
8~9	

연번	업무	달성여부

Memo

Date (요일)

Today's status: _____

Time	업무		연번	업무	달성여부
8~9					
9~10					
10~11					
11~12					
12~1					
1~2					
2~3					
3~4					
4~5					
5~6					
6~7					
7~8					
8~9					

Memo

Date　　　　　　　(　요일)

Today's status: _____

Time	업무		연번	업무	달성여부
8~9					
9~10					
10~11					
11~12					
12~1					
1~2					
2~3					
3~4					
4~5					
5~6					
6~7					
7~8					
8~9					

Memo

Date （　요일）　　　Today's status: ＿＿＿＿＿

Time	업무	연번	업무	달성여부
8~9				
9~10				
10~11				
11~12				
12~1				
1~2				
2~3				
3~4				
4~5				
5~6				
6~7				
7~8				
8~9				

Memo

Date (요일)　　Today's status: _____

Time	업무		연번	업무	달성여부
8~9					
9~10					
10~11					
11~12					
12~1					
1~2					
2~3					
3~4					
4~5					
5~6					
6~7					
7~8					
8~9					

Memo

Date (요일)　　　　Today's status: _____

Time	업무	연번	업무	달성여부
8~9				
9~10				
10~11				
11~12				
12~1				
1~2				
2~3				
3~4				
4~5				
5~6				
6~7				
7~8				
8~9				

Memo

Date (요일)

Today's status: _____

Time	업무	연번	업무	달성여부
8~9				
9~10				
10~11				
11~12				
12~1				
1~2				
2~3				
3~4				
4~5				
5~6				
6~7				
7~8				
8~9				

Memo

Date (요일)

Today's status: _____

Time	업무	연번	업무	달성여부
8~9				
9~10				
10~11				
11~12				
12~1				
1~2				
2~3				
3~4				
4~5				
5~6				
6~7				
7~8				
8~9				

Memo

Date (　요일)　　Today's status: ＿＿＿＿＿＿

Time	업무		연번	업무	달성여부
8~9					
9~10					
10~11					
11~12					
12~1					
1~2					
2~3					
3~4					
4~5					
5~6					
6~7					
7~8					
8~9					

Memo

Date　　　　　　　(　요일)

Today's status: _____

Time	업무		연번	업무	달성여부
8~9					
9~10					
10~11					
11~12					
12~1					
1~2					
2~3					
3~4					
4~5					
5~6					
6~7					
7~8					
8~9					

Memo

Date (요일)　　　Today's status: _____

Time	업무		연번	업무	달성여부
8~9					
9~10					
10~11					
11~12					
12~1					
1~2					
2~3					
3~4					
4~5					
5~6					
6~7					
7~8					
8~9					

Memo

Date (　　요일)　　　　Today's status: _____

Time	업무		연번	업무	달성여부
8~9					
9~10					
10~11					
11~12					
12~1					
1~2					
2~3					
3~4					
4~5					
5~6					
6~7					
7~8					
8~9					

Memo

Date （   요일)

Today's status: _____

Time	업무	연번	업무	달성여부
8~9				
9~10				
10~11				
11~12				
12~1				
1~2				
2~3				
3~4				
4~5				
5~6				
6~7				
7~8				
8~9				

Memo

Date (요일)   Today's status: _____

Time	업무	연번	업무	달성여부
8~9				
9~10				
10~11				
11~12				
12~1				
1~2				
2~3				
3~4				
4~5				
5~6				
6~7				
7~8				
8~9				

Memo

Date   (요일)

Today's status: _____

Time	업무	연번	업무	달성여부
8~9				
9~10				
10~11				
11~12				
12~1				
1~2				
2~3				
3~4				
4~5				
5~6				
6~7				
7~8				
8~9				

Memo

Date (　요일)

Today's status: _____

Time	업무		연번	업무	달성여부
8~9					
9~10					
10~11					
11~12					
12~1					
1~2					
2~3					
3~4					
4~5					
5~6					
6~7					
7~8					
8~9					

Memo

Date (　요일)　　Today's status: _____

Time	업무		연번	업무	달성여부
8~9					
9~10					
10~11					
11~12					
12~1					
1~2					
2~3					
3~4					
4~5					
5~6					
6~7					
7~8					
8~9					

Memo

두려움에 피해왔던 일의 실천 목록

연번	두려움에 피하고 있는 일	실행 날짜	실행 후 느낌

두려움에 피해왔던 일의 실천 목록

연번	두려움에 피하고 있는 일	실행 날짜	실행 후 느낌

두려움에 피해왔던 일의 실천 목록

연번	두려움에 피하고 있는 일	실행 날짜	실행 후 느낌

두려움에 피해왔던 일의 실천 목록

연번	두려움에 피하고 있는 일	실행 날짜	실행 후 느낌

memo

memo

저자 저서

행복한 삶을 위한 12가지 좋은 습관
이서진 지음 | 53쪽 | 13,000원

인생을 살아가는 데 자신의 '태도의 변화'를 통해 '행복한 삶'으로 가는 길을 안내하는 책
이 책은 행복한 삶을 위한 12가지 좋은 습관을 1달에 1가지씩 실천할 수 있도록 '월별 탁상용 캘린더 형식'으로 만들어졌다.
스티브 잡스는 "단순함은 복잡함보다 어렵다. 생각을 깔끔하고 단순화하기 위해 많은 노력이 필요하다"고 했다. 이 책은 많은 사람들이 행복해질 수 있는 좋은 습관을 단순하고 쉽게 실천할 수 있도록 만들어졌다. 이 책의 저자는 "삶의 좋은 태도는 행복한 삶을 만들 수 있다"고 강조한다.